ちゃんと話すための敬語の本

橋本治 Hashimoto Osamu

★──ちくまプリマー新書

001

目次 ＊ Contents

まえがき

この本は「敬語」に関する本です。

日本語には「敬語」という表現があります。そして、この「敬語」が問題にされる時は、たいてい、「乱れている」とか「まちがっている」とか、「敬語の使いかたを知らない」と、嘆《なげ》かれる時です。だから、「正しい敬語を使いましょう」ということにもなりますが、この本は、「正しい敬語の使いかたを教える本」ではありません。そうであるまえに、「いったい敬語ってなんなんだ？」ということを考える本です。

敬語が、まちがっていたり、乱れていたり、「使いかたを知らない」になっていたりするのは、「敬語ってなんだったの？」という根本が、あやふやになっているからです。「そんなになっているんだったら、もう敬語なんかなくしちゃえばいい」と考える人だっています。でも、敬語がなくなってしまうと困ります。

なぜ困るのか？

「困るだろう」と思ってはいても、「どうしてなくなったら困るのか？」ということになると、ちゃんと答えられる人はそんなにもいません。それはつまり、「敬語ってなんなんだ？」ということがよくわからなくなってしまった結果なのです。

この本は、「敬語ってなんなんだ？」を考えて、「やっぱりないと困る。だから、みなさんでそれぞれ、正しい敬語の使いかたを考えてください」と言う本なのです。

一　「先生がいらっしゃった」と言いますか？

私が小学生のころ、学校でこう言われました——。

「先生には、敬語を使わなくてはいけません。だから、授業が始まって、教室に入ってくる先生のことを、〝先生が来た〟と言ってはいけません。〝先生がいらっしゃった〟といいなさい」

それは、小学校の二年生くらいのことでした。担任の先生が休みで、そのかわりに教室にやって来た教頭先生が、そんな話をしたのです。

授業開始のチャイムが鳴っても、しばらくのあいだは先生が来ません。教室の中は休み時間の延長で、みんな騒《さわ》いでいます。そのうちにだれかが、廊下《ろうか》をやって来る先生の姿を見つけて、「先生が来た！」と大声で言います。騒いでいたみんなは席について、「今まで騒いでいたことなんて知らない」という顔をしています。それがいつものことで、担任の先生が休みになったら、もっと大騒ぎです。教頭先生は、その大騒ぎの中にやって来ました。
「うるさい、静かに！」と言おうとしても、もう教室の中はシーンとしています。文句の言いようがないので、頭にきた教頭先生は、「〝先生が来た〟と言ってはいけない。〝いらっしゃった〟と言いなさい」と、お説教をしたわけです。

みなさんの中にも、「そういう注意をされた経験がある」という人はいるかもしれません。また、「そんな経験はない。いったい、なんのことだかさっぱりわからない」と思う人だっているかもしれません。でも、日本語には「敬語」というものがあります。「敬語」という表現をもつ日本語では、次のようなことを常識とするのです。

①目《め》上《うえ》の人には敬語を使わなければならない。

②生徒にとって、先生は目上の人で、尊敬の対象になっているから、生徒は先生に敬語を使わなければならない。

③「来る」の尊敬表現は「いらっしゃる」で、「先生が来た」はまちがいだから、「先生がいらっしゃった」と言わなければならない。

小学校の二年生くらいだった私は、「いい子になって先生に好かれたい」と思っていました。だから、教頭先生の言うことを聞いて、「そうなのか」と思いました。私はその時に、「敬語に関する常識」をマスターしたはずなのですが、しかしざんねんながら、その後の私は高校卒業まで、「先生がいらっしゃった」とは言いませんでした。

それでは、なぜこの私は、「先生がいらっしゃった」という敬語を使わないままだったのでしょうか？

①先生が嫌《きら》いで、尊敬できなかったから。
②言おうとしても、舌がもつれて、「いらっしゃった」なんていうめんどくさいことが言えなかったから。
③先生が好きだったから。

理由は③です。

私は先生が好きでした。だから、「いい子になって（もっと）先生に好かれたい」と思っていました。それで、教頭先生の話を聞いたあとには、教室に担任の先生が入って来るのを見て、「〝先生がいらっしゃった〟って言うんだな」と、一人で口の中をモゴモゴさせていました。でも、それを口に出しては言えません。どうしてかというと、それを実際に口に出して言おうとすると、なんだか、好きな先生が遠くに行ってしまいそうになるからです。

好きな先生だから、身近に感じたい。だから、「先生が来る」とか、「先生が来た」ということは嬉《うれ》しいのです。ところが、その同じ先生が「いらっしゃる」になると、なんだかとても遠いところにいる人のようになってしまうのです。それで、「好きな先生を身近に感じたい」と思う私は、先生を「遠い存在」にしてしまうような敬語を、ついぞ使うことができなかったのです。

ところでみなさんは、先生に敬語を使いますか？

二 「ねェ、先生」はいけないのか？

そこに、先生がいるとします。その先生に、あなたは呼びかけます。その時、あなたはなんと呼びかけますか？ ただ、「先生」とだけ呼びますか？ それとも、「あのォ、先生」と言いますか？ それとも「ねェ、先生」と言いますか？

ただ、「先生」とだけ呼びかけるのだったら、普通《ふつう》です。でも、その呼びかけに「あのォ」がついたら、その先生は、ちょっと遠くにいます。

後ろを向いているのかもしれません。なにか、自分の仕事をしているのかもしれません。「ちょっと声がかけにくいな」と思うから、まず、「あのォ」と言ってみるのです。

いつもは普通に話している先生に、その時は、ちょっと特別な相談があるとします。あなたは、「ちょっと話しにくい」と思います。そういう時は、「あのォ、先生」と言いませんか？ 「遠くにいる」というのは、実際の距離《きょり》ではなくて、そう感じてしまう心の距離です。

先生が後ろを向いている。先生が自分の仕事に熱中している。先生に、ちょっと言いにくいことがある。そういう時には、先生を遠くに感じます。そういう心理的な距離があるから、「あのォ」という呼びかけがくっつくのです。

「ねエ」という呼びかけは、その反対です。

「ねエ、先生」と言う時、その先生は、とても近くにいます。この「近い」もまた、心理的な距離です。話しかけやすくて好きな先生が前を歩いていたら、後ろを向いていても、「ねエ！　先生！」と言って、走って行ったりしませんか？　その先生は、心理的にとても近くにいるから、「ねエ！」と呼びかけられるのです。とっつきにくい先生やいやな先生なら、目の前にいたって、「ねエ、先生」とは呼びかけないでしょう。

「ねエ」と呼びかけられる先生は、とても親近感のある先生で、だからこそ、「もっと近くにいてほしい」と思って、「ねエ、先生」「ねエねエ、先生」と呼びかけてしまうのです。早い話、この「ねエ」という呼びかけは、甘《あま》えているのです。先生との間に「遠い」という距離を感じてしまう「あのォ」とは、反対です。

ところでしかし、先生というのは、敬語を使わなければいけないような存在です。だから、「ねェ、先生」とは呼びかけにくいような先生だっています。

べつにいやな先生ではないのだけれど、なんとなくとっつきにくい先生はいます。そういう先生に話しかけなくてはいけない時には、目の前にいて、こっちを向いている時でも、「あのォ」がまず口から出てしまいます。つまり、「遠い存在」なのです。

なぜそうなのか？　それは、「先生」というものが、そもそも「遠い存在」だからです。

「先生」という言葉は、それ自体が敬語です。人の名前の下にくっつけて、その人への尊敬をあらわすような使い方をして、そういう場合は「敬称《けいしょう》」と言います。「称」は「呼び名」です。

「先生」と呼ばれるような人たちは、そもそも「尊敬されるべき立場の人」なのです。

だから、「先生には敬語を使え」ということにもなります。「尊敬されるべき立場の人」というのは、「尊敬する側の人」からは、離《はな》れたところにいます。つまり、遠いのです。「自分たちとは、いい意味で違《ちが》う」と思われなかったら、人は尊敬なんかされません。つまり、尊敬される人は、尊敬する側の人間たちとは違うところにいて、その「違う」と思われる分だけ、遠いのです。

教室にやって来る先生は、教室の中では、一人だけ大人です。教室の生徒たちから見れば、「一人だけ違う人」です。その先生が尊敬にあたいするかどうかは別にして、「一人だけ違う人」であることは、はっきりしています。だから、先生に対しては、いろいろな感情が生まれるのです。

その先生がいい人で、その先生が好きになったら、「ねェ、先生」「ねェ、ねェ、先生」と呼びかけます。「先生」と呼ばれて、自分とは違うところにいることがはっきりしているその人を、もっと身近に感じたいから、「もっと近くに来てほしい」という思いをこめて、「ねェ、先生」と呼ぶのです。

「ねェ、先生」という呼びかたが、先生に対して甘えていることだけは確かです。でも、だからといって、それでまちがいだというわけではありません。「敬語の使いかたを知らない」というものでもありません。逆に、「敬語」というものの意味を知っているからこそ、「ねェ、先生」という呼びかけになってしまうのです。

なぜかという理由はかんたんでしょう。「先生」という言葉自体が、「尊敬の意味をふくむ敬語」で、「先生」というものが、そもそも遠くにいるものだからです。ほっとけば「遠いもの」になる——それがいやだから、「ねェ」と言って、近くに呼びよせようとしているのです。

「ねェ」は「近く」で、「先生」は「遠く」です。この正反対のふたつがいっしょになっているのですから、「ねェ、先生」という呼びかけは、矛盾《むじゅん》したものです。「矛盾しているからまちがっている」と言いたい人はいっぱいいるかもしれませんが、これを「まちがいだ」と言う必要はありません。なぜかと言えば、「ねェ、先生」という矛盾した呼びかけを、どうして生徒がするのかを考えればわかります。

それを言う生徒は、「先生は遠くにいる人だけど、でも、もっと近くに来てくれるんでしょう?」と思って、そのことを確かめたがっているのです。つまり、「ねエ、先生」と言う生徒は、「先生」というものが遠くにいるものだということを知っているのです。「先生は尊敬の対象だ」ということを知っていて、「でも、そばに来てほしい」と思っているだけなのです。

これは当然、「許せる矛盾」で、「矛盾しているかもしれないけどかまわない」というものでしょう。これが「いけない」ということになったら、学校は最悪につまらないところになってしまいます。

三　敬語がはやらなくなったわけ

小学校二年生くらいの私が、「先生には敬語を使わなければいけない」と言われて、「そうなのか」と一人でうなずいていたのは、それを言ったのが担任の先生ではなくて、ふだん教室で見ることのない教頭先生だったからです。もっとはっきり言ってしまえば、「自分とは関係ないエラソーなおっさんが、〝敬語を使わないと怒《おこ》るぞ〟と言った」です。それで私は、「じゃ、怒られないようないい子になって、担任の先生に（もっと）好かれよう」と思ったのです。もしも、同じことをやさしい担任の女の先生に言われていたら、どうなっていたかはわかりません。もしかしたら、そのまんま学校が嫌いになっていたかもしれません。

どうしてかと言えば、理由はかんたんでしょう。「先生は尊敬の対象だから、敬語を使え」ということは、「ねェ、先生」などと言ってなれなれしく近よって行ってはいけないということだからです。

べつに好きでもない教頭先生に、「なれなれしくするな、敬語を使え」と言われたって、そもそもなれなれしくなんかしたくないんですから、「はい、そうですか。わかりました」ですんでしまいます。でも、「もっと身近に感じたい。この先生に好かれたい」と思っている先生から、「そんなことを考えてはいけません。先生は尊敬の対象ですから、距離をおいてうやまっていなければなりません」なんて言われたら、ショックです。先生がやさしくなかったら、そんなにおもしろくもない勉強をする学校に来ても、ただつらいだけです。先生を尊敬して、授業中はひたすら緊張《きんちょう》しているだけ、ということになったら、「学校なんか行きたくない」になっていたかもしれません。

子どもの時の私の話はいささか極端《きょくたん》であるかもしれませんが、現代で敬語がちゃんと使われなくなってしまった理由は、ここにあります。

敬語は学校で教えます。家庭でも教えるかもしれませんが、あまりあてにはなりません。「人に対する言葉づかい」は、家でも教えるかもしれませんが、「敬語とはどういうものか」という教え方をするのは、学校の国語の授業でしょう。敬語を教える国語の先生はたいへんです。

自分は「先生」です。生徒から見たら、「尊敬の対象」です。国語の先生が敬語を教えるとなったら、まずさいしょに、「私には敬語を使いなさい」ということを言わなければなりません。

ふだんから人気があって、生徒に好かれている先生がそれを言ったら、生徒たちは、「またァ」と言って笑うでしょう。「いや、これはホントなんだ」とその先生が言っても、生徒はきっと、その先生には敬語なんか使わないでしょう。そして、その先生だって、敬語を使わない生徒に対して、いちいち注意なんかしないでしょう。

「教師には敬語を使え」と言って、生徒たちが、「えーッ」とか「またァ」とか騒いで、もしもその先生が、「べつに、オレに使えって言ってるんじゃないんだよ。敬語というのはそういうものだって言ってるんだよ」と言ったりしたら、そのあとにはきっと、こういう展開が待っています——。

「オレには敬語なんか使わなくてもいいけど、他の先生には使え。じゃないと、オレが〝敬語を教えていない〟と言われて、怒られるからな」

話のわかる国語の先生がそんなことを言ったら、言われた生徒は、同じ学校にいる気むずかしそうな顔をした「いやな先生」を思い浮《おもう》かべるかもしれません——「あいつなら、へんな文句をつけそうだ」と思って。

その結果は、どうなるでしょう？

「話のわかるいい先生」には敬語を使わず、「話のわからないいやな先生」にだけ、しかたなしに、「敬語を使うしかないのか」と思うでしょう。そうなると、敬語の意味は、大きく変わってしまいます。「尊敬の対象だから敬語を使う」という本来の形が、「うるさい相手だから敬語を使う」とか、「いやな相手だからしかたなく敬語を使う」になってしまうからです。

「オレには敬語を使わなくてもいいぞ」と言って敬語を教える国語の先生と、「おまえたちは敬語の使い方を知らないのか！」と怒りそうな先生と、どっちが「尊敬の対象」になるでしょう？「オレには使わなくてもいい」と言ってくれる国語の先生のほうだと思いますよ。

その先生は、へんなことを押《お》しつけなくて、ものわかりがいいのです。「だから好き」ということになれば、敬語を強制しない国語の先生のほうが、生徒からは尊敬されます。そうすると、「尊敬にあたいする相手には敬語を使わず、尊敬したくない相手には敬語を使う」になってしまいます。敬語のありかたとしては、まちがいですね。

じゃ、そんなまちがった使いかたではなくて、敬語の使いかたを、国語の先生が正しく教えた場合にはどうなるでしょう？

「生徒にとって、教師は尊敬の対象です。私には敬語を使いなさい。私が教室に来たら、〝先生がいらっしゃった〟と言いなさい。私がなにか言ったら、〝先生がおっしゃった〟と言いなさい」――そういうことを、ニコリともせず言ったらどうなるでしょう？

教室はシーンとして、生徒たちは胸の中で、「えらそうに」とか、「やなやつ」とか、「自分で言うか?」なんてことをつぶやいたりするでしょう。でも、この先生の言うことは、まちがっていないのです。

まちがってはいないけれど、それをそのままにすると、敬語というのはやっぱり、「エラソーにしているやつを相手にする時の、ウソをつくための言葉」になってしまいます。現代で、「敬語」というものがあやふやで、へんにややこしいものになってしまっているのは、そのためです。

敬語というのは、「相手と自分とのあいだには距離がある」ということを前提にして使われる言葉です。「尊敬の対象かもしれないけど、この人とのあいだの距離を縮めたいな」と思ったら、敬語は、矛盾したものになってしまいます。「ねェ、先生」という呼びかけが、その典型です。

「ねェ、先生」と呼びかける生徒は、べつに先生をバカにしているわけではありません。

ただ、「先生」と呼ばなければならないような相手との距離を、縮めたがっているだけなのです。

だから逆に、べつにたいして尊敬しているわけでもないけど、自分とのあいだに距離を感じる人には、敬語を使ってしまいます——もし、敬語というものを知っているならば。

敬語というのは、「人と人とのあいだにある距離」を前提にして使われる言葉なのです。だから、「その距離を縮めたい」と思ったら、その分だけ、敬語はなくなっていきます。逆に、「近よってほしくない。距離があった方がいい」と思ったら、敬語は増えていくのです。

敬語というものは、「人と人とのあいだの距離」ということを前提にして考えるとよくわかります。でも、そういうことはあまり言われません。敬語というと、どうしても「尊敬」です。「尊敬」というのも、じつは、「人と人とのあいだにある距離」のひとつなのです。

そう考えればいいのに、そう考えないから、敬語はややこしくなるのです。

敬語の「敬」は、尊敬の「敬」で、「敬《うやま》う」と読みます。「敬う言葉」だと思うと、どうしても敬語は、「尊敬」です。「尊敬なんて、個人個人が決めるもんじゃないか」と思う人だっているでしょう。そのとおりなんです。でも、「尊敬とは個人個人のものである」という考えかたはとても新しい考えかたで、敬語の歴史は、それよりもずっと古くて、長いのです。

だから、「敬語は人と人とのあいだの距離を認める言葉だ」なんてことがほとんど言われなくて、「敬語は尊敬である」ということになってしまいます。それで、「敬語ってなんなんだ？　べつに尊敬なんかしてないの？」という、疑問や混乱が生まれてしまうのです。

「いったい敬語ってなんなんだ？」ということを、「敬語の歴史」もふくめて、これから考えていきましょう。

四　三種類の敬語

敬語には、「尊敬」と「謙譲《けんじょう》」と「丁寧《ていねい》」の三種類があります。「尊敬」ばかりが敬語ではありません。

「尊敬の敬語」は、自分よりワンランク上の人に使います。「先生がいらっしゃった」とか、「先生がおっしゃった」が、「尊敬の敬語」です。自分よりワンランク上の人がなにかをしたら、その動作を特別な言葉によって表現します。

「謙譲の敬語」というのは、その逆です。相手より、自分がワンランク低いのです。だから、ワンランク上の人の前で、自分のしていることを謙遜《けんそん》して、特別な言葉で表現します。

普通だったら「知らない」ですむところを、相手がえらい人の場合には、「存じません」と言います。その「存《ぞん》じる」が、「謙譲の敬語」です。

普通だったら、「来たよ」ですむところを、自分がえらい人のところへやって来た場合には、相手に対して「参《まい》りました」と言います。その「参る」が、「謙譲の敬語」です。もっとクラシックな言いかたをすると、「参上《さんじょう》」です。

よく壁《かべ》に、自分のチームの名前を書いて、その後に「参上!!」をくっつけている落書きがありますが、「参上」というのは、「えらい人のところにやって来る自分をワンランク低いものにして使う謙譲の敬語」です。壁に「参上!!」と書くとカッコよく見えますが、意味は、「みなさんのところにやってまいりました」です。忍《しの》びの者も、やって来た時には「参上」と言いますが、越後屋《えちごや》の番頭がやって来た時も、「参上いたしました」と言います。

自分ではカッコつけているつもりなのに、じつは、頭を下げてへりくだっている。「謙譲の敬語」がそういうまちがった使われかたをしてしまうのは、現代で「自分をワンランク低いものと思う」という考えかたが、あまり一般的《いっぱんてき》ではなくなっているからです。

「あの人はえらい人だ」ということは、まだわかります。だから、「尊敬の敬語」は、そんなにもまちがえません。でも、「あの人はえらい人で、自分はその人よりワンランク下だ」という考えかたは、あまりしないでしょう。そういう考えかたをしていると、「卑屈《ひくつ》になるな」と言われてしまいます。現代では、「自分をワンランク下げる」ということがあたりまえではないので、「謙譲の敬語」がまちがった使われかたをしてしまうのです。

「尊敬の敬語」と「謙譲の敬語」は、相手をワンランク上の人と考えますが、もうひとつの「丁寧の敬語」は、そうじゃありません。「丁寧の敬語」は、ワンランク上でもワンランク下でもなくて、ただ「ていねい」なのです。

「存じません」とか「参りました」とか「参上しました」は「謙譲の敬語」ですが、でも正確には、上半分だけが「謙譲の敬語」です。

「存じません」「参りました」「参上しました」の下の方は、「丁寧の敬語」です。

ふつうに「知りません」と言ったら、そこには敬語がないように思われますが、「ません」は、否定形になった「丁寧の敬語」なのです。

「YES」の意味で、相手の言ったことに対して「そう」と言ったら、ここには敬語がありません。でも、「そうです」と言ったら、ここには「丁寧の敬語」があります。ふだんはあまり意識しないかもしれませんが、言葉の最後につける「です」とか「ます」というのは、「丁寧の敬語」なんです。

「来た」だけでは、敬語がありません。

「来ました」になると、「丁寧の敬語」がつきます。

たとえば、自分が職員室に呼ばれて、職員室にいる先生に「来ました」と言ったら、それは、先生に対してていねいに言っているのです。ただていねいに言っているだけで、べつに先生を「ワンランク上の人」と思っているわけではありません。先生を尊敬しているわけでもありません。もちろん、バカにしているわけでもありません。「丁寧の敬語」は、そういうこととは関係なくて、ただ「ていねい」なのです。

「参りました」は、「謙譲の敬語＋丁寧の敬語」です。

あなたが職員室に呼ばれて、そこにいる先生に「参りました」と言ったら、それは、「職員室」という特別なところの神聖さを理解して、そこにいる先生を「自分よりワンランク上の存在」だと思って、「ここにやって来た私はワンランク下の存在です」ということを表現して、しかも、そのことをていねいに言っているのです。「参上しました」だって、もちろんこれとおんなじで、「謙譲の敬語＋丁寧の敬語」です。

たとえば、授業が始まるチャイムが鳴りました。あなたは、教室の入り口に立って、廊下を見ているとします。廊下を先生がやって来ます。それであなたは、教室の友だちに、「先生がいらっしゃいました」と言います。「いらっしゃいました」は、「尊敬の敬語＋丁寧の敬語」です。
あなたは、やって来る先生を「ワンランク上の人」と思って、「いらっしゃる」という「尊敬の敬語」を使いました。そして、ワンランク上の人がやって来ることを、クラスの友だちに、ていねいに言ったのです。もしもあなたが、先生を「ワンランク上の人」と思っても、クラスの仲間に対してべつにていねいになる必要なんかないと思ったら、「先生がいらっしゃった」だけでOKです。まちがいではありません。

以上が、「敬語の基本」です。要点をまとめてみましょう。

①敬語には、「尊敬の敬語」と「謙譲の敬語」と「丁寧の敬語」の三種類がある。
②「尊敬の敬語」と「謙譲の敬語」は、自分よりワンランク上の人に使うが、「丁寧の敬語」は、相手のランクとは関係がない。
③「丁寧の敬語」は、「尊敬の敬語」や「謙譲の敬語」とドッキングして使われること

が多い。

以上が「敬語の要点」です。覚えてもいいですが、これだけではなんの役にも立ちません。せいぜい、「敬語に関する国語の試験」の役に立つくらいです。だから、この「敬語の要点」を見て、「わかるけど、それがどうしたっていうのだろう?」と考えてください。「人とちゃんと話をするための敬語」は、そこから始まります。

五　正しく使うとへんになる敬語

敬語は、そもそもが「昔の言葉」です。だから、古文の中には、「尊敬の敬語」とか「謙譲の敬語」とか「丁寧の敬語」という区別が、ちゃんとあります。現代語にだってその区別はありますが、古文よりも、その区別があいまいになっています。あいまいでもかまわないのは、敬語がそもそもは、「昔の言葉」だからです。「正しい敬語」ということは、もちろん今でも言います。でも、敬語をあんまり正しく使うと、とてもへんなことになってしまいます。それは敬語が、「昔の言葉」だからです。

たとえば、あなたが職員室に呼ばれたとして、そこで先生に、「参りました」と言いますか？　言って、先生にほめられますか？

よっぽど礼儀《れいぎ》や敬語にうるさい特殊《とくしゅ》な学校なら、「よし」といわれるかもしれません。

でも、普通の学校の職員室で「参りました」なんて言ったら、先生にへんな顔をされるんじゃないですか？

たとえば、あなたが行っている学校は、とても礼儀や敬語にうるさい学校だとします。そこであなたが職員室に呼ばれて、「参りました」よりももっとちゃんとした敬語を使って、「参上いたしました」と言ったら、ほめられるでしょうか？

「参りました」は、「謙譲の敬語＋丁寧の敬語」ですが、「参上いたしました」の「いたす」は、「する」の謙譲語なのです。だから、「参上いたしました」は、「謙譲の敬語＋謙譲の敬語＋丁寧の敬語」になります。「謙譲の敬語」が一つ多くなります。

どうしてそういうことになるのかと言うと、「参りました」の「参る」が動詞であるのに対して、「参上」が名詞だからです。これを「参る」と同じように使うためには、「する」という動詞をつけなければなりません。つまり、「参上する」です。ところが、日本の敬語には、「敬語になりそうなところはかたっぱしから敬語にしてしまう」という、へんな傾向《けいこう》があります。だから、「する」という言葉にさえも、謙譲表現があって、それが、「いたす」なのです。

「参上する」は、「謙譲の敬語」で、これに「丁寧の敬語」がくっつくと、「参上します」になりますが、この「し」の部分にも「謙譲の敬語」を使うと、「参上いたします」になります。「えらい人のところに行く自分は、〝参上する〟という謙譲の敬語を使わなくちゃならない。そんな自分だったら、もうひとつへりくだって、〝参上いたす〟って言わなくちゃいけないんじゃないか？」と思うと、「謙譲の敬語＋謙譲の敬語＋丁寧の敬語」の「参上いたしました」です。

べつに、まちがってなんかいません。相手を「えらい人」だと思って、自分のほうをツーランクも下げているんです。

でもどうでしょう？　先生に呼ばれて職員室に行って、「参上いたしました」なんて言ったら、いくら礼儀や敬語にうるさい学校の先生でも、へんな顔をするんじゃないでしょうか？

「する」の謙譲表現である「いたす」を、もっと本格的にちゃんとした「謙譲の敬語」にすると、「仕《つかまつ》る」になります。「仕《つこうまつ》る」とも読みます。「参上いたしました」は、「参上仕《つかまつ》りました」や「参上仕《つこうまつ》りました」です。

「ました」の部分を、もっと本格的に「丁寧」にすると、「参上仕《つかまつ》りましてございます」になります。

さらにこれを、「自分から勝手にやって来たんじゃなくて、〝先生に呼ばれたから来ました〟というふうにちゃんと説明しないと、忙《いそが》しい先生に対して失礼になるかな」と思って、もっと本格的にしてしまうと、「お召《め》しによりまして参上仕りましてございます」になります。

「えらい人がえらくないやつを呼ぶ」が、「召す」です。「呼ぶ」の尊敬表現と思ってもかまいません。「えらい人が呼ぶ」なんですから、その動作にも尊敬の「お」をくっつけると、「お召し」です。

「敬語になりそうなところはかたっぱしから敬語にしてしまう」というのは、こういうことで、かくして「お召しによりまして参上仕りましてございます」という長ったらしい日本語ができあがります。

「お召しによりまして参上仕りましてございます」は、ちっともまちがった日本語じゃありません。でも、あなたがいたずらをやらかして、「後でちょっと職員室に来い」と言われて、「ああ、自分はいけないことをしてしまったな」と反省しながら、すべてにへりくだって、職員室で、「お召しによりまして参上仕りましてございます」と言ったら、ほめられるでしょうか？

きっと、「ふざけるんじゃない！」と怒られるでしょうね。

もしもそこが、とっても礼儀や敬語にやかましい学校の職員室で、「お召しによりまして参上仕りましてございます」と言っても怒られないとしても、あなたのことを呼び出した先生が、あなたより背が低かった場合には、怒られます。なぜかと言うと、「謙譲の敬語」を使う立場の人間は、相手よりも高い所からものを言ってはいけないからです。

だからあなたは、職員室の床《ゆか》に座って、そこに手をついて、「お召しによりまして参上仕りましてございます」と言わなければなりません。

いくら礼儀にうるさくて、敬語にやかましい学校だって、生徒にこんなことをやられたら、「時代劇じゃないんだからやめろ」と言うでしょう。それをやってほめられたら、ほめる先生のほうが異常です。

もうわかったと思いますが、敬語というのは、古い時代の言葉なんです。だから、これをちゃんと正しく使いすぎると、時代劇になってしまうのです。

「正しく使いすぎると時代劇になる。だから、いいかげんにテキトーに使え」というのが、現代の敬語なんです。「いいかげんであるほうが正しい」というのはとてもへんですが、でも現代の敬語はそういうもので、だからこそ、敬語はとてもむずかしいのです。

六　見上げれば尊いけど、見上げないと尊くない先生

『仰《あお》げば尊し』という歌を知っていますか？　卒業式で歌います。今は、そんなに歌わないかもしれませんが、「仰げば尊し　我が師の恩」という歌詞です。

「仰ぐ」は、「高い所にあるものを見上げる」です。つまり、「高い所にいる人だと思って見上げれば、私の先生から受けた恩は尊い」です。もっとかんたんに言ってしまえば、「見上げれば、先生は尊敬にあたいする」です。ということは、「〝見上げたくない〟と思ったら、先生は尊敬になんかあたいしない」になってしまいます。

たいへんです。卒業式では、「そのつもりで見れば、尊敬にあたいする先生もいるが、尊敬できないし、したくない先生だっている」ということを、みんなで一緒《いっしょ》に歌っていることになってしまいます。

学校が嫌いで、「先生はやなやつばっかりだった」と思っている生徒がこの解釈《かいしゃく》を知

ったら、きっと、喜んでこの歌を卒業式で歌うでしょう。その場合の『仰げば尊し』は、「本当だったら、先生はみんな信頼《しんらい》できて、いい人じゃなくちゃいけないはずなのに、あんたたちはみんな、いやなやつだった」という、皮肉や抗議《こうぎ》の意味をこめた歌になりますね。

もちろん、『仰げば尊し』が、そんなすごい意味をもった歌だなんて言う人はいません。でも、「仰げば尊し――」なんて書いてあるから、「じゃ、見上げなかったら尊くないのか？」なんてことを考えてしまうのです。

昔の人は、どうしてこんな誤解されやすい歌詞を書いてしまったのでしょう？

「仰ぐ」は「見上げる」という意味ですが、「師と仰ぐ」という使いかたをすると、別の意味になります。

「師と仰ぐ」は、「先生と一緒に見上げる」ではなくて、「師として仰ぐ＝先生になってもらう」です。「仰げば尊し」の「仰ぐ」もこの意味で、「仰げば尊し　我が師の恩」という歌詞の意味は、「先生になってもらった、（いろいろなことを教えてもらった）私が先生から受けた恩は尊い」になります。昔の人は、「師と仰ぐ」という言いかたを知っていたので、「じゃ、見上げなかったら、先生は尊くないんだ」なんていう皮肉を言わなかったのです。

それはいいのですが、じゃ、なんだって「師と仰ぐ」という言いかたは生まれたのでしょう？ 「師と仰ぐ」が「先生になってもらう」であったとしても、「仰ぐ」はやっぱり、「見上げる」なんです。「先生になってもらう」は、やっぱり、「先生として見上げる」で、先生というものは「見上げるもの」なんです。

先生が「見上げるもの」なら、先生はいつも高いところにいなければなりません。「仰ぐ」には、「尊敬する」という意味もあって、それはつまり、「尊敬されるような人は、人から見上げられるような存在で、だからこそ高い所にいる」ということにもなってしまいますが、じつは、そうなのです。

教室には、「教壇《きょうだん》」というものがあります。今ではないところだっていくらでもありますが、黒板の下に置いてあって、先生がそこに上がって授業をする壇です。なんでそんなものがあるのかと言えば、「後ろの席から先生がよく見えるようにするため」でも、「背の低い先生が黒板の上のほうまで手が届くようにするため」でも、「先生が教室の中をよく見回せるようにするため」でもありません。教壇は、「生徒が先生を見上げる（仰ぐ）ための壇」なのです。

日本の教壇は、実用的なものである前に、「先生とは見上げられるものである」ということを示すために作られた、「高さ」なのです。

高ければ、見上げなければなりません。「先生とは〝見上げられるもの〟だ。そのことをはっきりさせるために、ある程度の〝高さ〟が必要だ。だから壇を置こう」と考えられて、教壇は置かれたのです。

「えらいことを示すために、わざわざ〝壇を置く〟なんていうへんなことを、なぜしたんだろう？」と思うかもしれませんが、本当のことです。だから日本には、「一段高いところからものを言う」という言葉もあるのです。

この言葉は、「ものの言いかたがえらそうだ」ということです。昔の日本では、「えらい人は高いところにいる」があたりまえで、実際にそのようになっていたのです。だから、べつにえらくもない人間がえらそうなしゃべりかたをしていると、「一段高いところからものを言うみたいなことはやめろ」と、批判されたりもしたのです。

七　「目上の人」ってどんな人？

話は、とてもかんたんになってしまいました。

昔の日本では、「えらい人」は「高い所」にいました。「えらくない人」は、「低い所」です。その人のいる所を見れば、その人のえらさがどの程度かはわかります。居場所の上下《じょうげ》でその人のえらさがわかるから、「上下関係」という言葉もあります。

「自分よりワンランク上の人のすることには尊敬の敬語を使う。その人よりワンランク低い自分のすることには謙譲の敬語を使う」と言っても、「だれが自分よりワンランク上なのか」ということが、現代ではよくわかりません。でも、昔はそれが、居場所を見ただけでわかったのです。日本の敬語は、そういう昔にできあがったのです。

「目上の人には敬語を使う」――これが、敬語の常識の第一です。この本のはじめにも書きました。それでは、「目上の人」とは、どんな人でしょう？　「えらい人は高い所、えらくない人は低い所」という、日本の昔の常識をあてはめてみれば、わかります。「えらい人」は、高い所にいます。そうすると、目のある位置が、他の人より「上」になります。だから、「目上」なのです。その反対に、「えらくない人」は低い所にいるので、「えらい人」より目の位置が「下」になります。だから「目下《めした》」と言うのです。

国語辞典で「目上」という言葉を引くと、「年齢《ねんれい》や社会的立場などが、自分より上のこと」というふうにだけ書いてあって、「目の位置がどうとか――」なんてことは書いてありません。でも、「昔はえらい人が高い所にいたから、〝目上〟と言うようになったんだ」と考えると、すべてがよくわかるのです。

『遠山の金さん』のお白洲《しらす》のシーンを、思いだせる人は思いだしてください。

裁判官役の町奉行《まちぶぎょう》、遠山の金さんは、部屋の中にいます。金さんのいる部屋の戸は開けてあって、その前には、部屋の床より一段低くなった縁側《えんがわ》があります。縁側には庭へ下りる階段があって、階段の下が白砂の庭――つまり「お白洲」です。そこに、容疑者や証人たちが座らされています。

庭に座らされている人間たちから見れば、金さんの目の位置は「上」です。部屋にいる金さんから見れば、庭の人間たちの目の位置は「下」です。「目上」とか「目下」という言葉は、こういうことがあたりまえだったから生まれたのです。

金さんは裁判官です。今でも、法廷《ほうてい》の中の裁判官は、高い所にいます。それは同じですが、「裁判官は家の中、被告《ひこく》や証人は家の外」なんていうことはありません。でも、昔は違います。町奉行所にはちゃんと建物がありますが、それなのに、容疑者や証人は、建物の中へ入れてもらえないのです。寒い冬も、雨が降り出しても、容疑者や証人は、屋根のない庭に座らされています。町人たちが座らされている「お白洲」は、家の外の「屋根のない庭」なのです。

「悪いことをしたから庭に座らされている」というわけではありません。証人として呼ばれた人は、べつに悪いことなんかしていません。だから、容疑者の方はともかくとして、証人が座るところには、ムシロが敷《し》いてあります。庭にムシロが敷いてあるのは、そこへ座る人たちの立場が、いちおう認められているからです。

昔の常識は、「えらい人は高い所、えらくない人は低い所」です。えらい人が「部屋の中」に座ってしまったら、「えらくない人」は、そこより低い所に座らなければなりません。「部屋の中」より低い所は、「縁側」です。そこより低い所は「庭」です。あながえらくなかったら、なんにも悪いことをしていなくたって、えらい人のお屋敷《やしき》では「庭に座る」をさせられていたかもしれないのです。


たとえばあなたは、「昔の人」です。えらい人のお屋敷に勤めています。そこのお殿《との》様《さま》から、別のお屋敷のお殿様に、手紙を持って行く用を言いつけられます。「大切な手紙だから、直接向こうの殿様にお渡《わた》しして、その場で返事をもらってくるように」と言われたとします。すると、どうなるでしょう?

相手のお屋敷に行きます。もちろん、あなたは家の中になんか上げてもらえません。玄関《げんかん》で用事を言うと、「庭へ回れ」と言われます。あなたは、玄関から家の中へ入れるような身分ではなかったのです。

あなたはしかたなく、庭の木戸を開けて、広い庭の中に入って行きます。しばらくうろうろして、運よく、殿様のいるお座敷の前に出ました。殿様は障子《しょうじ》を開けて、一人で庭を眺《なが》めていました。いい気分で歌を歌っていたかもしれません。

殿様に用事のあるあなたは、まず、庭に座らなければなりません。殿様があなたに気づこうと気がつかなかろうと、あなたはまず、「申し上げます」と言わなければなりません。

「申す」は、「言う」の謙譲語です。あなたは、殿様より何ランクも低いのですから、そのことをはっきりさせるために、「申す」という謙譲語を使わなければなりません。「申す」の後には、「上げます」がつきます。「ます」が「丁寧の敬語」だということはわかっていると思いますが、そこになぜ「上げ」がつくのかもわかるでしょう。あなたは、低い庭の上で、殿様は、高い部屋の中です。下にいるあなたは、言葉を上に上げなければならないのです。だから、「申す」で「上げる」なんです。

もちろん、それを言う時のあなたは、殿様の顔を見てはいけません。下を向いて、庭の土を見ているのです。なぜかと言うと、殿様が「目上の人」で、あなたが殿様よりずっと「目下」だからです。場所の上下を決めるのに「目の位置」を基準にするくらいの時代では、目下の人間が目上の人間の目を直接に見るなどということは、特別に許されなければ、まずありえないのです。

「申し上げます」と言ったあなたは、下を向いたまま、自分の殿様から言いつけられた用事を言います。その後で殿様が、「面《おもて》を上げよ」と言ったら顔を上げられますが、まず殿様はそんなことを言いません。「わかった」とも、「そうか」とも言ってくれません。一人でいた殿様がなにか言うのだとしたら、まず、「だれか」です。そうして殿様は、やって来たあなたの用事を聞くために、自分の家の中にいる家来を呼ぶのです。

殿様に呼ばれて、家来がやって来ます。殿様のいる部屋の外の、部屋の床より一段低い縁側に家来が来て、やっとあなたは、自分の用事をはたすことができます。もう一度、自分はどういう用事でやって来たのかを言って、その後で手紙を渡すのです。

あなたは庭にいて、手紙を受け取る家来は高い縁側にいるのですから、手紙を渡すあなたにとっては、手紙を「差し上げる」ですね。

殿様が家来から手紙を受け取って、それを読んで、返事を書いて、部屋の外の縁側にいる家来に渡して、それがやっとあなたの手に入ります。返事の手紙は上の方から来ますから、手紙は「下される」です。

「あげる」とか「ください」というのも、じつは、人間のいる場所に高さの違いがあることから生まれたのです。

下にいる人間が上にいる人間になにかを渡すと、「上げる」です。上にいる人間が、なにかを下にいる人間に渡すと、「下す」です。

「下す」は、ふつう「下さる」とか「下される」になります。

「下さる」「下される」の「る」や「れる」は、尊敬や受身をあらわす助動詞です。

「上にいる人＝尊敬されるべき人」が、なにかをくれるんです。その動作は「尊敬」をこめて語られなければなりません。また、それをもらう人間からすれば、もらうのは「受身」の行為《こうい》です。だから、「下される」の「受身」になってしまうのです。「上げる」には、そんなややこしいものがつきません。尊敬されるのは、上にいる「もらう側の人」なんですから、「上げる」の側の人間は、「謙譲の敬語」をくっつけるだけです。「上げ奉る《たてまつ》」になります。

「下さる」「下される」で、はじめっから「尊敬」や「受身」がくっついている人には、「尊敬の敬語」をもうひとつくっつけることができます。「給《たま》う」です。「下され給う」になります。

殿様は自分の家来に返事の手紙を渡し、家来はあなたに手紙を下されます。あなたの用事は終わって、あとは帰るだけですが、そうなるまでのあいだ、あなたは庭に座りっぱなしです。手紙を渡したり受け取ったりする時でも、立ち上がってはいけません。縁側に出てきた家来は、あなたより「目上」なんです。腰《こし》をかがめて中腰にして、視線を落として、相手と目を合わせないようにしなければいけません。

前に、職員室へ行って「お召しによりまして参上仕りましてございます」という極端なことを言う時には、床に座って手をつかなければならないと言いました。それと同じです。

そんなにもいっぱい重なった敬語を使う相手は、「とても目上の人」なんです。そんな人よりも、「目下の人間」の目の位置が高いなんて、とんでもないことなのです。だから、あまり本格的な敬語を使いすぎると、「床に正座する」なんてことをしなくちゃいけなくなるのです。

八　「えらい人の世界」はたいへんだ

「目上の人には敬語を使え」などと、かんたんに言う人もいます。でも、「目上」という言葉には、かなりとんでもない意味があったのです。今ではなくなってしまった「身分」というものがあった昔には、「えらい人は高い所、えらくない人は低い所」が、あたりまえのように決められていたのです。

「身分」というと、江戸《えど》時代の「士農工商」が有名です。「武士」が一番えらくて、次が「農民」、その次が「職人（工）」で、一番下が「商人」です。「町人」というのは、下の二つの「工商」です。でも、町で大工さん（職人）に会った越後屋の番頭さん（商人）が、「大工さんは自分より身分が上だから、尊敬の敬語を使わなくちゃいけない」なんてことを考えたりはしませんでした。

田舎《いなか》から町に出て来たお百姓《ひやくしよう》さんが、「これ、そこの町人、道を尋《たず》ねてやるから教えろ」なんてえらそうに言うこともありませんでした。「士農工商」の区別はあっても、徳川幕府が問題にしたのは、「武士だけは特別」ということでした。

だから、武士はえらそうにしています。「無礼者！　手討ちにしてくれるわ！」などと、まるで通り魔《とおりま》みたいなことを平気で言いました。だから、武士とすれ違うと、「農工商」は、軽く頭を下げて、「尊敬」をあらわします。武士には「尊敬の敬語」を使って、武士の前にいる自分たちには、「謙譲の敬語」を使わなければなりませんでした。そうじゃなければ、「無礼者！」です。

でも、武士がいなかったら、農民や町人たちは、「丁寧の敬語」だけでもだいじょうぶです。武士という階級だけが、やっかいなのです。

たとえば、殿様の用事でよその殿様のお屋敷に手紙を持って行ったあなたは、「下っぱの侍《さむらい》」です。そんなあなたは、返事の手紙をもらって自分の殿様の屋敷へ帰っても、また「庭に座る」です。もしかしたらあなたは、自分の殿様の顔を直接見たことがないかもしれません。自分の勤める屋敷の中にだって、入ったことがないかもしれません。ふしぎかもしれませんが、「身分の差」というのは、じつは、身分が特別である武士たちのあいだで、やかましく言われたのです。

殿様の住む屋敷には、いろんな部屋があります。その部屋にも、ランクがあります。殿様が家来を集めて会う、一番ランクの高い公式の部屋には、「上段の間《じょうだんのま》」というスペースがあります。殿様が座るための、一段高い場所です。家来たちは、その「上段の間」の前に、えらい順に座ります。「上段の間」に近い方が「上座《かみざ》」で、そこから遠いのが「下座《しもざ》」です。床の高さが同じ部屋の中にも、ちゃんと「上下」があります。部屋のはずれの「下座」でも、部屋の中にいられるのは、まだ「いい身分」です。ランクが下の侍は、部屋の外の、一段下がった縁側で、それより下だと「庭」です。

「身分が高い」とされる人たちの世界は、そういうふうに細かくランク分けされていて、町人たちの礼儀は、それをまねしたのです。「上流階級ふうにすればするほど、自分のランクは高くなる」と、上流階級じゃない人間たちは思うんです。「えらい人」と「えらくなりたい人」だけが、「えらさ」をやかましく問題にするんだと思ってください。

「オレたちはえらい」と思った人たちは、自分たちの「えらさ」をはっきりさせるために、いろいろと「えらさのランクづけ」をして、細かいきまりを作ります。そのきまりの外にいるのが、「えらくない人」です。江戸時代でいえば、農民や町人です。

えらくない農民や町人は、「えらい人」や「えらい人の住む世界」と接触《せっしょく》しないかぎり、らくです。せいぜいおたがいに「丁寧の敬語」を使うだけで、「尊敬の敬語」や「謙譲の敬語」のことなんか考えなくてもすみます。どうしてかと言えば、「人のランク」というのが「えらい人の世界」にだけあって、「えらくない人の世界」にはないからです。

休み時間の教室のことを考えてください。友だち同士は「タメ口《ぐち》」でしょう。「タメ口」は、「敬語なし」の話しかたです。ちょっと話しにくい友だちには、「丁寧の敬語」を使います。一番かんたんな区別は、呼びかたです。

仲のいい友だち同士は、「タナカ！」とか呼びすてです。もっと仲がよくなると、苗《みょう》字《じ》じゃなくて、名前のほうを、「ハルオ！」とか「ハルコ！」とか呼びすてです。そして、そんなに仲がよくない友だちには、「さん」とか「くん」の敬称をつけます。友だち同士で敬称をつけるのは、相手を尊敬してるからではなくて、それを「丁寧」に置きかえているのです。現代には「人のランク」がないので、昔の「尊敬」は、かんたんに「丁寧」に変わります。

そういう、先生のいない「休み時間の教室」は、「えらくない人の世界」です。それに対する職員室の中は、「えらい人の世界」です。だからここには、「ランクづけ」がありま す。校長先生と、教頭先生と、ヒラの先生の机のならび方は、きっと「えらい順」です。

職員室に呼ばれると緊張するのは、そこが「ランクづけのあるえらい人の世界」で、授業中に緊張するのも、先生がその「えらい人の世界」からやって来るからです。先生は「お侍さま」で、生徒は「町人」みたいなもんです。

「えらい人の世界」は細かくランク分けされていて、ややこしい敬語が必要です。だから、その「えらい人の世界」からやって来た人は、めんどくさい敬語の区別を知らない「えらくない人」を、すぐに「無礼者！」と怒るのです。

九　敬語ができあがった時代

大人の社会は、いまでもまだ「ランクづけのあるえらい人の世界」の痕跡《こんせき》を残しています。だから、「敬語の使いかたを知らない」とか、「敬語が乱れている」と怒る人はいます。

でも、その「敬語」の多くは、「人のランクづけ」をもとにした、「尊敬の敬語」や「謙譲の敬語」です。今ではそういうランクづけがなくなってしまって、敬語で一番必要なのは、「ランクの差」とは関係ない「丁寧の敬語」なのです。

でも、「敬語が必要だ、乱れているのは困る」と言う人たちは、すぐそこに「尊敬」という言葉を持ちだしてしまうのです。「尊敬」というのは、個人個人がそれぞれにするもので、「社会の決めた〝えらい人〟のランクに入っている人は、尊敬しなければならない」という考え方は、もう古くて、成り立たなくなっています。

ところが、そのことをよくわかっている人は、そんなにいないのです。どうしてかというと、「社会が人のランクを決めて、それに応じた尊敬の敬語を使わなければならない」という考え方が、日本人の中には深く根を下ろしているからです。「社会が人のランクを決めて、そのランクに応じて座る場所を決めたり、尊敬や謙譲の敬語を使わなければならない」というのは、へんだと思いませんか？「へんだ」と思ったら、「そんな〝人のランクづけ〟は、いつ決まったんだろう？」と考えてください。

日本で「人のランクづけ」が始まったのは、今から千四百年前の、六〇三年のことです。その年に聖徳太子《しょうとくたいし》が「冠位《かんい》十二階」という制度を決めて、それから始まりました。聖徳太子が「十七条の憲法」を決める、一年前のことです。

「冠位十二階」の説明をしましょう。

聖徳太子は、朝廷に仕える人間たちを、十二のランクに分けました。それが、「冠位十二階」です。

それまでは、そんなに細かくはっきりした「人のランクづけ」がありませんでした。人間一人一人をはっきりランクづけする必要はなくて、部族単位の大ざっぱなランクづけだけでよかったのです。聖徳太子は、それを「一人ずつのランク」にしました。十二のランクごとにかぶる冠《かんむり》の色を変えて、一目見れば、「この人はどの程度のえらさ」ということがわかるようにしました。だから、「冠位」と言うのです。

昔の日本の冠は布でできていましたから、つまりは、「かぶる帽子《ぼうし》の色でランクづけをはっきりさせた」です。

このランクづけは、朝廷――つまり国家が決めます。

「国家が人のランクづけをする」というと、「国民の一人一人が細かくランクづけされたのか」と思うかもしれませんが、違います。朝廷は、朝廷に仕える人だけをランクづけしたのです。その他の国民は、関係ありません。つまり、「政治家と国家公務員だけがランクづけの対象になって、それ以外の国民はランク外」というのと同じです。

日本の国民は、「ランクづけされる人」と、「ランク外の人」の二種類にわけられます。「ランクづけされる人」は「身分のある人」で、これが「えらい人」です。「ランク外」の人は「身分のない人」で、つまりは「えらくない人」です。日本の身分制度は、まずこういうふうに分けられます。

「士農工商」と四つに分けられていても、武士の階級だけが特別なのも、これと同じです。「士」だけが「身分のある階級」で、「農工商」は、「身分のない階級」です。「身分のない人」は、「身分のある人」に対して、「尊敬の敬語」や「謙譲の敬語」を使って、「ワンランク上の人」ということを、はっきりさせなければいけませんでした。それをしないと怒られます。そして、「身分のない人」から「尊敬の敬語」や「謙譲の敬語」を使われる「身分のある人」は、その中で細かいランクづけをされます。その最初が「冠位十二階」です。

「帽子の色の違い」で始まった「冠位十二階」は、平安時代になると、「一位、二位、三位……」という、数字によるランクづけになります。もう、「冠の色による違い」はなくて、冠の色は黒で統一されますが、「国家から冠をかぶってもいい」と言われた人と、言われない人の区別だけは、変わらぬままにありました。つまり、「身分のある人」と「身分のない人」です。

「一位、二位、三位……」という数字によるランクづけは、「官位《かんい》」と言います。「国からもらう位《くらい》」だから、「官位」です。

朝廷＝国家に仕える人は、まず官位をもらって、「そのランクならこの仕事」というふうに、自分の仕事の肩書《かたがき》をもらいます。「この人にはこういう能力があるから、どの仕事がふさわしい」とは考えません。「このランクならこの仕事」と、まるで受験の進路指導みたいに、仕事のランクが決められました。「どのランクならどの仕事」という、「身分による偏差値表《へんさちひょう》」みたいなものが、ちゃんとあったのです。聖徳太子の「冠位十二階」から、そういう考え方は、ずーっと続いていくのです。

「江戸時代は徳川幕府の時代で、京都にあった天皇の朝廷とは関係がないはずだ」と思う人もいるかもしれません。でも、幕府で一番えらい将軍は、正式には、「征夷大将軍《せいいたいしょうぐん》」

という、朝廷に仕える国家公務員なのです。江戸の北町奉行で有名な遠山の金さんも、朝廷から「左衛門尉《さえもんのじょう》」という国家公務員に任命されています。つまり、「官位」をもらっていたのですね。

「武士」という「身分のある人」の中にも、「朝廷から官位をもらっている武士」と「もらっていない武士」のランク分けがあって、「官位をもらっている武士」は、もっと細かいランクづけをされます。

「身分のある人」と「身分のない人」にまず大きく分けて、「身分のある人」をもっと細かくランク分けするというのが、日本の身分制度です。「国家が人のランクづけをする」という身分制度は、今の日本にはもうなくなってしまいました。でも、今から千四百年前に始まったそういう考え方だけは、やっぱりまだ続いています。

たとえば、「学歴」をしつこく問題にする人は、今でもいます。そういう人にとっては、「大学を出ているか、出ていないか」が、とても大きな問題です。「大学を出た人」が「身分のある人」で、「大学を出ていない人」が「身分のない人」だと、そんなふうに考えているのです。そして、「大学を出た」ということになると、「どこの大学を出たのか?」と、大学の偏差値を問題にします。「日本人は、〝身分のある人〟と〝身分のない人〟に分かれて、〝身分のある人〟の中には細かいランクづけがある」という考え方は、今でもまだそのようにして生きているのです。

「大学を出ていない人は、大学を出た人に対して、尊敬の敬語や謙譲の敬語を使わなければならない」などというバカげたことを言う人は、さすがにもういないでしょう。でも、昔の「身分のない人」は、「身分のある人」に対して、尊敬や謙譲の敬語を使わなければなりませんでした。そして、「身分のある人」は、自分の所属する「身分のあるえらい人たちの世界」の中で、そこにある「人のランクづけ」に応じて、尊敬や謙譲の敬語を複雑に使いわけなければならなかったのです。

たとえば、あなたが「五位」のランクの人だったとします。そのあなたが、自分よりずっと身分が上の「一位」の人のお屋敷に行ったとします。この時あなたは、「行く」

ではなく、謙譲の「参る」を使わなければなりません。この「参る」は、「神社やお寺にお参りする」の「参る」と同じです。

神社やお寺なら、「神様や仏様をバカにすると罰《ばち》が当たる」などと言われてしまいます。「参る」という言葉を使わなければならない「えらい人」も、これと同じです。自分からへりくだって、「参る」という謙譲の敬語を使わないと、罰が当たります。昔の人は、そんな感覚で、尊敬や謙譲の敬語を使っていたのです。

「五位」のランクをもらっているあなただって、あなたより下のランクの人や「身分のない人」からすれば、「あの人のお屋敷へ行く時には、〝参る〟という言葉を使わないと罰が当たる」と思われるような、かなり「えらい人」です。でも、「一位」の人は、そんなあなたよりもずっとずっとえらいのです。

あなたは、その「一位」の人のお屋敷にいます。そうするとそこに、あなたよりえらい「三位」の人がやって来ます。それを見たあなたは、三位の人が「参られた」と思います。

「来た」ではありません。「おいでになった」でも、「いらっしゃった」でもなくて、「参られた」と思わなければなりません。ひとりごとをつぶやくのにだって、敬語を使わなければならないのです。そして、三位の人がやって来たことを、そのお屋敷の主人に伝えるのだったら、「参られました」と言わなければなりません。

「参る」は謙譲の動詞です。一位の人は三位の人よりえらいんですから、三位の人が一位の人の家に行くんだったら、「参る」という言葉を使わなければなりません。当人だけではなくて、それを見た他人も、「参る」という言葉を使います。寺や神社に行くことは、だれにとっても「お参り」ですから、それと同じです。

「お参りする」というのは、ただ「行く」だけです。「拝む」と「お参りする」は違います。だから、寺や神社に「拝みに行くこと」を、「参拝する」と言うのです。

三位の人が一位の人の家に来るのは、「参る」ですが、それを見ているあなたは、三位よりランクが下の「五位」です。だからあなたは、自分が見ている三位の人のすることを、「尊敬の敬語」で表現しなければなりません。「参られた」の「れ」がそれです。

「れ」は、「尊敬の助動詞」です。

あなたがそれを見て、ひとりごとを言っているか、まわりの友だちや「目下の人」に言うんだったら、「参られた」だけでかまいません。でも、それを屋敷の主人の一位の人や、その他の「目上の人」に言うんだったら、「丁寧の敬語」も必要です。だから、「参られました」です。

わかりますか？ 「参られました」という短い言葉の中に、「謙譲の敬語」と「尊敬の敬語」と「丁寧の敬語」が一緒になっています。「丁寧の敬語は、尊敬の敬語や謙譲の敬語と一緒に使われることが多い」とは、前にも言いました。でもここでは、「謙譲の敬語」と「尊敬の敬語」が一緒に使われています。この「参られた」という言い方は、じつは、「やって来やがりになられた」くらいの、へんな言い方なんです。でも、そう言わないと、けんかになります。

一位の人のお屋敷にいる五位の人が、三位の人がやって来るのを見て、「三位の彼《かれ》がお屋敷に参る」なんて言ってはいけないのです。そんなことを言うと、三位の人は怒ります。

「たしかにおれは、この屋敷に参った。だがな、おれはおまえに、〝参る〟なんて言われる理由はない！　〝参られる〟と言え！」

怒られたあなたは、へたをすると罰《ばっ》せられるかもしれません。

なにしろ、「人のランク」は国家が決めたものなのです。「ランクが上の人に敬語を使わない」ということは、国家が決めた規則を破るのと同じなんです。十分に罰則の対象になります。

「罰が当たる」は、べつに、うそでも大げさなことでもないのです。

十　尊敬したくない相手に「尊敬の敬語」を使う理由

まえがきでも言いましたが、この本は「正しい敬語の使いかたを教える本」ではありません。それよりも、「正しい敬語の使いかたをするなんて、こんなにもへんだ」ということを教える本です。

三二ページにはこう書いてあります――。

「尊敬の敬語」と「謙譲の敬語」は、自分よりワンランク上の人に使うが、「丁寧の敬語」は、相手のランクとは関係がない。

これは、とてもへんなことです。だから、「覚えてもいいですが、これだけではなんの役にも立ちません」と書きました。

なぜこれがへんなのかというと、この「敬語の常識」が、「人のランクづけ」をあたりまえのことにしているからです。とてもへんです。でも、それが「敬語の常識」なんです。

「えらい人には敬語を使う」——その「えらい人」がどういう人かというと、「自分よりランクが上の人」なのです。ちゃんと、ランクづけをしています。「目上の人」がどういう人かは、もうわかると思います。「目上」というのは、「人のランクづけがあたりまえだった時代」の考え方なのです。

「目上の人には敬語を使え」と、「目上の人を尊敬しろ」とは、ほとんど同じことだと考えられています。でも、違いますね。「目上の人」に敬語を使うのは、その人が「えらい人」だからです。「この人はどの程度えらいか」ということを、国家がランクづけしていたから、半分「しょうがねェなア」と思いながらも、昔の人は「目上の人＝えらい人」に、敬語を使っていたのです。べつに「尊敬していたから」ではありません。使わなければいけないのです。使わないと、罰が当たるのです。だから、敬語を使っていたのです。「えらい人」が、尊敬するのにあたいする人かどうかは、またべつのことだったのです。ところが、「えらい人には敬語を使わなければいけない」ということが、いつのまにか、「えらい人を尊敬しなければいけない」に変わってしまいました。

なぜなんでしょう？

江戸時代が終わると、新しい時代が来ます。徳川幕府がなくなって、「武士」という階級がなくなります。「士農工商」の身分制度もなくなります。もうひとつ、「朝廷が官位を与《あた》える」という制度もなくなります。朝廷も幕府もなくなって、明治政府という新しい国の制度ができます。「政府」という言葉は、明治時代になってから使われるようになったのです。

聖徳太子の「冠位十二階」から明治維新《めいじいしん》までは、千二百六十五年もたっています。そんなに長いあいだ続いていた「国家が人をランクづけする」という制度は、日本からなくなってしまいます。まったく新しい時代の始まりです。だから、明治時代には、いろいろと新しいことが生まれました。「古い時代の言葉を新しい時代の言葉に変えよう」という、「言文一致運動《げんぶんいっち》」もそのひとつです。

明治時代になって、日本語は変わろうとします。それまであった日本語は、「古い言葉」――つまり「古文」に変わるのです。「身分」というものがなくなってしまったので、「相手の身分によって言い方を変える」という敬語だって、古いものになってしまうのです。でも、千二百年以上も続いた習慣は、そう変わりません。「お侍様」はいなくなっても、新しく「政府の役人」が来ます。そうすると、どうしても「お役人様」と言いたくなってしまいます。「身分」というものはなくなっても、「えらい人」というのはやっぱりいます。それで、「そういう人のことをどう言ったらいいんだろう?」と考えて、「目上」とか「目下」という言葉を使うようになったのです。

「相手の身分によって言い方を変える」という習慣は、その前からずーっと続いていました。でも、その日本語の使い方に「敬語」という呼び方をつけたのは、明治時代になってからです。「えらい人のすることを持ち上げる言葉を、なんと呼ぼう」と考えて、

「尊敬の敬語」という呼び方が生まれました。「謙譲の敬語」とか「丁寧の敬語」というのも、同じです。

「もう身分というものはなくなったんだから、相手の身分によって言葉づかいを変えるのはへんだ。これからは、相手が尊敬できるかどうかを考えて、言葉づかいを変えるべきだ」と考えたから、「尊敬の敬語」というネーミングが生まれてしまったんですね。

それまでは、「〝えらい〟ってことになってんだからしょうがねェや」で使われていた言葉に、「それは、尊敬の意味で使うのだ」というへんな理由がくっつけられて、「えらい人は、尊敬の敬語を使われる〝尊敬にあたいする人〟だ」ということになってしまったのです。

「尊敬の敬語」とか「謙譲の敬語」というネーミングのかわりに、「ヨイショ語」とか「卑屈語」という名前がつけられていたら、その後の日本の社会だって、ずいぶん変わっていたでしょう。

十一　えらい人はなぜ「先生」と呼ばれるのか

「目上の人」という言葉の中には、「社会的な地位や立場が上の人」という意味のほかに、もうひとつ「年上の人」という意味があります。昔は、「年上の人」も「えらい人」で、「目の位置が上」になるような高い所にいたから、それで「目上」になったのですね。

どうして「年上の人」はえらいのでしょう？　それにも、聖徳太子が関係しています。

聖徳太子の決めた「冠位十二階」は、「その十二の冠位を上から順に書きなさい」というテストの問題になってもいいくらいの、へんなものです。上から、「大徳《とく》、小徳、大仁《じん》、小仁、大礼《れい》、小礼、大信《しん》、小信、大義《ぎ》、小義、大智《ち》、小智」です。これは、儒《じゅ》教《きょう》が大切にする六つのもの――「徳、仁、礼、信、義、智」を、それぞれ「大、小」にわけたものなのです。

一番ランクの高い「徳」は、「人としてりっぱなこと」で、一番ランクの低い「智」は、「頭がいい」です。一番ランクの低い人間の身分が「ちょっと頭がいい（小智）」というのは悲しいもんですが、聖徳太子は、そういうふうに決めたんですね。

仏教と同じように、中国から伝わって来た儒教も、聖徳太子は重要なものと考えました。だから、「冠位十二階」の名前にも使いました。ところが、孔子《こうし》の始めた儒教には、もうひとつべつな「大切なもの」があります。それは、「長幼《ちょうよう》の序《じょ》」――つまり、「年上と年下の区別をはっきりさせて、年上の人を尊敬する」です。

日本や中国、それから朝鮮《ちょうせん》半島の韓国《かんこく》や北朝鮮、台湾《たいわん》は、儒教の影響《えいきょう》が強い国です。儒教では「人の順序」を大切にします。だから、「徳」という「人としてりっぱなこと」が一番大切なのです。「徳がある人になるためにはなにが必要なのか？」と考えて、「仁」とか「礼」とかの大切さを言うのです。「仁」とか「礼」とか「信」とか「義」がどういうものかは、漢字辞典で調べないとわからないかもしれませんが、それは昔の人も同じでした。ところが、それとは違う、もっとわかりやすい区別があります。それは、「年齢」です。自分より年上の人は、いろいろと経験を積んでものを知っています。だから、「長幼の序」と言います。

しかしそれは、わざわざ孔子に言われなくても、わかっていることです。「村の長老」と言われる人は、世界中にいます。インターネットも本もない時代には、「生きて経験を積む」ということ以外に、生きる方法を知ることはできなかったのです。「生きて経験した年よりの知恵《ちえ》は大切だ」と思い、「年上の人のほうがものを知っている」ということは、世界中であたりまえになっていました。孔子もそのことを知っていて、自分の考えに採用したのです。

中国から来た儒教の本を読んで、その内容に感動した聖徳太子は、朝廷に仕える人たちに、「このことを大切にしろ」と言いたくて、「冠位十二階」にその名前をつけたのですが、「年上の人は大切だ」ということは、もう日本でもわかっていたことなので、「老」の字は使わなかったのです。

徳川幕府で、将軍の次にえらい人をなんと呼ぶか知っていますか？「大老《たいろう》」です。だから、冠位十二階にだって、「大老、小老」というランクがあったっておかしくはなかったのです。

でも聖徳太子は、それを採用しませんでした。「教えなくてもわかってるだろう」と思ったのです。もとからあった「年上の人は大切に」は、聖徳太子が尊重した儒教の中でもちゃんと強調されています。だから、それ以来ずっと、「年上の人は大切に」が日本に定着したのです。

「年功序列《ねんこうじょれつ》」という言葉は、今でも日本にあります。「会社に長くいる人のほうがえらい」です。「年上のほうが給料を多くもらう」というのは、日本の会社ではあたりまえでした。昔の日本では、「同じ地位の人同士なら、年上の人のほうが序列が上」になっていました。つまり、「年上なら目上」なのです。

「ただ〝年が上〟という理由だけで、その人を〝えらい〟と決めるなんてへんじゃないか」と思うかもしれませんが、これもまた、長いあいだにできあがってしまった習慣なのです。

「先生」が、尊敬の意味をこめた「敬称」だということは、前にも言いました。これは、「人にものを教えているからえらい」ということではありません。字を見ればわかりますが、「先生」は「先に生まれた」なんです。

「自分より先に生まれた年上の人は、経験を積んでいろいろなことを知っているから、人にものを教えられる」という意味で、「先生」は「人にものを教える人」になったのです。

だから、「先生」は職業名ではなくて、敬称なのです。「人にものを教えられる人は、若くても、長老と同じようにえらい」というような意味があるのです。

それはつまり、「年上の人はえらいから、目上の人だ」ということと同じなんです。

ところが世の中には、人にものを教えているわけでもないし、そんなに年よりでもないのに、「先生」と呼ばれたがる人がいます。そう呼ばれると、気分がいいらしいのです。ちょっと人気が出ると「先生と呼びなさい」と言う人が、世間にはいっぱいいるのです。

日本の社会からは、「人をランクづけする」という制度はなくなりました。でも、「人からえらい人だと思われたい」という人はいくらでもいます。そういう人は、「先生」という敬称がほしいのです。

「先生」という敬称は、便利な敬称です。「人にものを教えられるからえらい」なのか、「年上だからえらい」なのか、この言葉だけではよくわかりません。だから、「ちょっと頭がいい」程度の人でも、「自分は先生だ」と思えてしまうのでしょう。

でも、「ちょっと頭がいい」程度でえらかったら、聖徳太子は冠位十二階の一番下に「小智」というランクを置かなかったと思いますけどね。

十二　「えらい人」がえらそうなわけ

「敬語を使え」と言われる時、その「敬語」は、たいてい「尊敬の敬語」です。つまり、「社会的立場や年齢が上の、目上の人を敬え」です。

「尊敬できる人なら尊敬してもいい」とは思います。でも、「敬語を使え」と言われて、いやな気持になる時もあります。それは、「敬語を使え」と言う人が、「エラソーでいやなやつ」に見えてしまう時です。これは、偏見ではありません。ちゃんとした理由があることです。「敬語」には、そういう性質もあるのです。

「尊敬」と「謙譲」と「丁寧」という、三つの敬語の使い方を、もういちど考えてみましょう。じつは、この三つには、次のページの図①のような関係があるのです。

うっかりするとその関係を忘れてしまうのですが、「えらい人」は、「えらくない人」に対して、どんな敬語も使わなくていいのです。

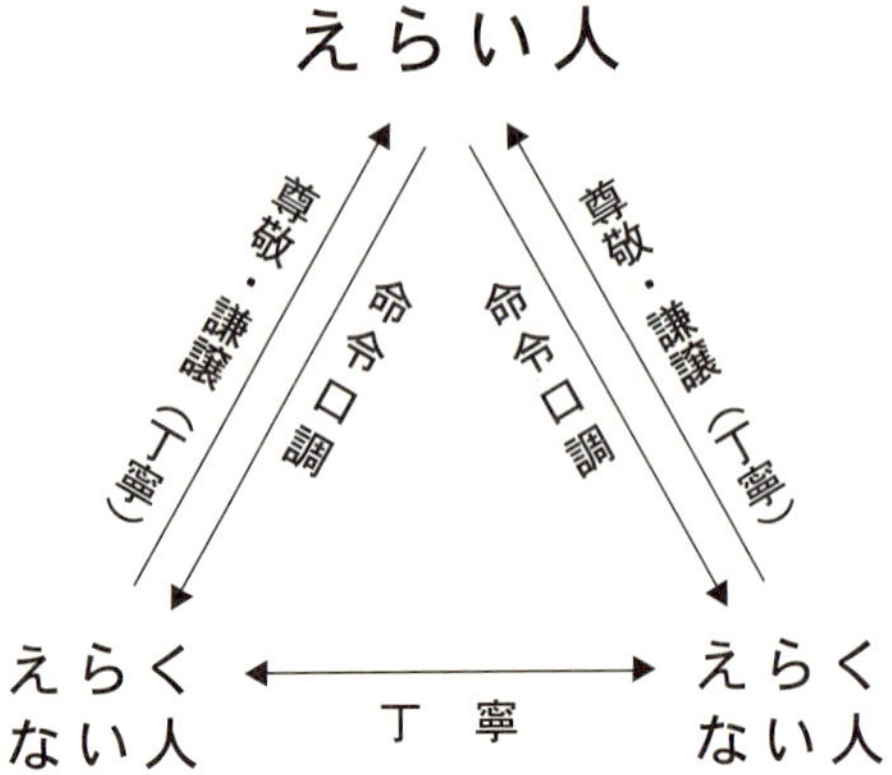

（図①）

「えらい人」と話す時、「えらくない人」は、「尊敬の敬語」と「謙譲の敬語」と、それからそこに「丁寧の敬語」までくっつけて話さなければいけません。でも、「えらい人」には、「えらくない人」に敬語を使う義務なんてないのです。「敬語を使ってくれてありがとう」と思う必要もありません。

「人から尊敬の敬語を使われたら、〝いや、そんなことはありません〟と思って、その相手には謙譲の敬語を使いましょう」というルールだって、敬語にはないのです。

誤解しているかもしれませんが、「尊敬」と「謙譲」と「丁寧」の敬語には、次の図②

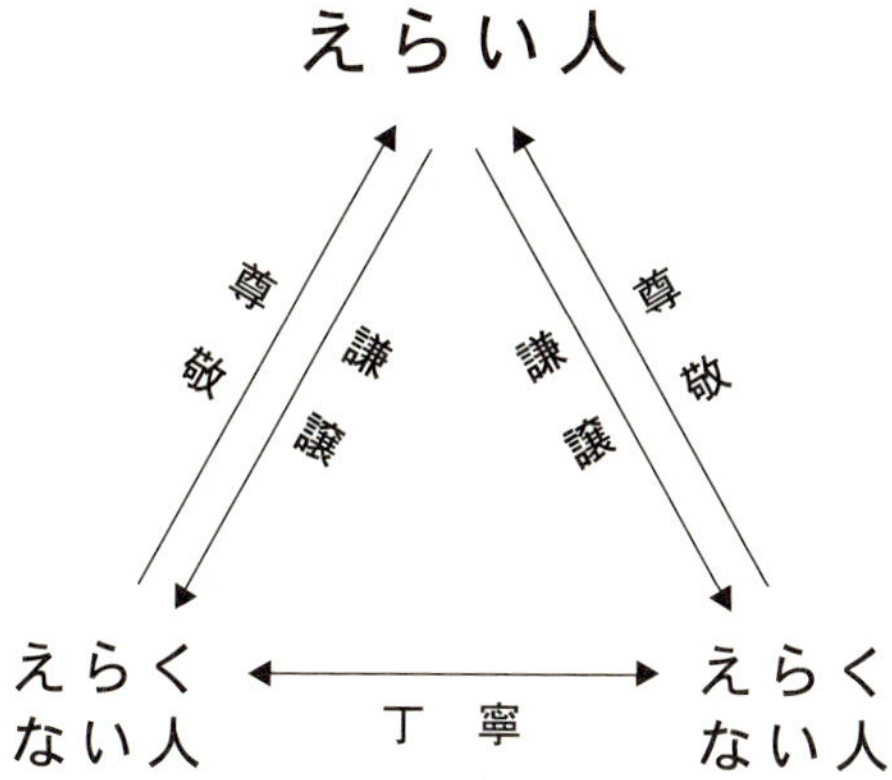

(図②)

のような関係はないのです。

「相手を尊敬したんだから、向こうだって、少しくらい気をつかってくれたっていいのに」と思ったって、「尊敬の敬語」を使われた人には、相手に対して「丁寧の敬語」を使う義務だってないのです。

「丁寧の敬語」は、ランクとは関係ない敬語です。だから、「えらくない人」同士が敬語を使うんだとしたら、ここでは「丁寧の敬語」を使います。ところが、「尊敬の敬語」と「謙譲の敬語」は、「ランクが上の人」に使う敬語です。その敬語を使われた人は、「自分はえらいんだ」と思ってもよくて、そうなったら、「ランクが下の人」には、どんな敬語も使わなくていいのです。

「ランクが下の人には、命令口調だけでいい」――これが、隠《かく》された敬語の暗黒面です。

「敬語を使え」と言うことは、じつは、「おまえはオレに対して、尊敬と謙譲と丁寧の敬語を使え。オレはおまえには使わない。オレはえらいんだからな」と言うことと同じなんです。だから、そんなことを言われて、「なんてエラソーなやなやつなんだろう」と思ったたって、べつにふしぎではないのです。

十三　だれがだれやらわからない日本語

現代で敬語が必要な理由を、もういちど考えてみましょう。

現代で敬語が必要なのは、「目上の人をちゃんと尊敬するため」ではありません。「人と人との間にある距離をちゃんと確認して、人間関係をきちんと動かすため」です。

敬語というのは、「相手と自分とのあいだには距離がある」ということを前提にして使われる言葉です。「尊敬の対象かもしれないけど、この人とのあいだの距離を縮めたいな」と思ったら、敬語は、矛盾したものになってしまいます。「ねエ、先生」という呼びかけが、その典型です。

これは二四ページに書いたことですが、そのとおりなのです。

現代で「敬語を昔どおりに正しく使う」というのは、異常なことです。現代では、敬語の使い方が「昔とは矛盾している」ほうが、正しいのです。

どうしてそういうことになるのかというと、「人と人との上下の関係」ばかりを考えすぎた昔の人が、「上下関係とはべつの、人と人との横の関係」をあまり考えなかったからです。

なんだかふしぎなことを言っているみたいですが、こういうことを考えてみてください。あなたは、「自分の目の前にいる人」を、なんと呼びますか？

「きみ」ですか？　「あなた」ですか？　「おまえ」ですか？

べつにむずかしい問題ではありませんが、「そんなこと聞かれても困る」と思いませんか？　そう思うのなら、あなたは、「目の前にいるのがどんな人かで呼び方が違う」と思っているのです。

もしかしたら、「きみ」でも「あなた」でも「おまえ」でもなくて、「目の前にいる人を呼ぶ時は、みんな〝ねェ〟だ」と言う人だっているかもしれません。「ねェ」と呼べばすむ相手にはみんな「ねェ」で、「ちょっと呼びづらいな」と思ったら、その人が目の前にいても、「○○くん」とか「○○さん」とか「○○」というふうに、三人称で呼んでしまう人はいませんか？

私がなにを問題にしているのかというと、「日本語の二人称」です。

英語には「YOU」という二人称の代名詞があります。目の前にいる人は、みんな「YOU」です。親しくても、親しくなくても、知っている相手でも、知らない相手でも、目の前にいたら、みんな「YOU」です。「目の前にいる人はYOUで、それは二人称の代名詞だ」ということは、たぶん、だれでも知っています。ところが、その「YOU」と同じであるような「日本語の二人称の代名詞」がなんなのかということになると、バラバラなのです。

「ねェ」というのは、「呼びかけの言葉」で、代名詞なんかじゃないんです。「ねェ」のほかに、「あのォ」とか、「ちょっと」という言葉を二人称の代名詞代わりに使う人は多いのですが、「それでもいい」ということになったら、「日本語には二人称の代名詞はなくてもいい」ということになってしまいますね。

英語で人を呼びかける時、「HEY YOU」と言います。日本語の「ねェ」とか「あのォ」とか「ちょっと」は、この「HEY」の部分です。「YOU」の部分はないのです。「このYOUの部分を日本語でどう言いますか?」ということになったら、ちょっと困るでしょう?

「ちょっと、あなた」とか、「ねェ、きみ」というのは、ドラマでしか使わない言い方です。その人が「知っている相手」だったらいいですが、「知らない相手」だったら、言いようがありません。

「ちょっと、もしもし!」とか、「おい、待てよ!」とか、そんな言い方しかなくて、英語の「HEY YOU」という言い方が、日本語ではできないのです。

英語では、「知らない人」が目の前にいても「YOU」と言えますが、日本語では、

「目の前にいる知らない人」をさす代名詞がないのです。

日本語の二人称の代名詞は、「知っている人」だけなんです。だから、「その人と自分とはどの程度に親しいのか、親しくていいのか？」と考えて、「きみ」と「あなた」と「おまえ」の使い分けをしているのです。

一番親しくて、少しくらい乱暴な口をきいてもいい相手なら、「おまえ」です。もうちょっとていねいにした方がいい、そんなにも親しくない相手だったら、「きみ」です。

それ以上ていねいにしなければいけない相手だったら「あなた」と言って、「あなた」が「おまえ」と同じくらいの親しさになってしまうと、「あんた」です。

日本語にはそれだけの「二人称の代名詞の区別」があるのですが、でも、「知らない人が目の前にいる時に使う二人称の代名詞」は、ないのです。ふしぎでしょう？

でも、日本語のふしぎは、それだけじゃありません。もっとすごいのがあります。

テレビで、関西系のお笑いタレントが、こんなことを言うことがあります——。

「自分、今なに言うたん？」

これは、「私は今なにを言ったのか？」という疑問ではありません。「あんたは今なにを言ったのか？」です。

「自分」と言っておいて、この「自分」は自分のことじゃなくて、目の前にいる他人のことなんですね。これってつまり、「私＝あなた」ということですね。一人称と二人称の区別がないんです。すごいでしょう？

こういうことも、関西系のお笑いタレントは言います——。

「われエ、なにしとんのじゃ！」

この「われ」は、「我《われ》」です。でも、この言い方の意味は、「私はなにをしているのだ！」ではありません。「おまえはなにやってんだ！」です。「我」というのは自分のことなのに、やっぱり「目の前にいる他人」のことです。ここでもやっぱり、一人称と二人称の区別はありません。

時代劇では、時々「おのれェ！」と言ってくやしがっている人がいます。この「おのれ」は、「他人を呪《のろ》うための呪文《じゅもん》の言葉」ではありません。「おのれ」は「己《おのれ》」で、これもやっぱり「自分」のことです。だから、「自己《じこ》」と書きます。

相手に「自分！」と言ってくやしがってもしょうがないので、この「己《おのれ》」の意味は、「自分」ではありません。「自分にくやしい思いをさせた相手」のことです。「おのれエ！」と言うのは、「てめエ！」と言うのと同じことなのです。つまり、ここでもまた、「自分＝他人」という現象が起こっているのです。

京都を中心とする関西は、古くからの日本の中心です。だから、ここには古い日本語の形がいくらでも残っています。「〝自分〟という言葉が、じつは他人をさす」という、一人称と二人称の混同も、その古くからある日本語の例のひとつなんです。

とってもふしぎでしょう?

日本語は、「自分」と「他人」の区別をつけないんです。それが、あたりまえでもあったんです。「目の前にいる知らない人をさす二人称の代名詞がない」とか、「親しさの度合《どあい》によって、相手の呼び方を変える」というのは、このことと関係しているのです。

十四　「えらいか、えらくないか」しか考えなかった日本人は、「自分のこと」しか考えられない

「自分」をさす言葉を、「目の前にいる他人」をさす言葉として使う時には、もうひとつの特徴《とくちょう》があります。それは、その相手を軽く見ていたり、バカにしたり、怒っていたりすることです。

「己《おのれ》!」と言って怒っているでしょう? 「われェ」も同じでしょ? 「自分、今なに言うたん?」も、じつは相手を軽く見ているのです。これは、敬語とは反対の使い方です。

どうして、「目の前の他人」をさす時に使われる「自分」をあらわす言葉は、敬語とは反対のものになってしまうのでしょう?

それは、日本人が「ただの自分」をあまり大切にしなかったからです。

今の日本語で「自分のこと」をさす一人称の代名詞の代表的なものは、「私」です。今では「わたし」と読みますが、昔は「わたくし」と読みました。

今では「わたくし」には「丁寧」の意味がありますが、江戸時代の「わたくし」は、「謙譲」の意味をもっていました。どうしてかというと、「私《わたくし》」というのは、そもそも「自分をさす一人称の代名詞」ではなかったからです。

「私《わたくし》」というのは、「個人的」とか「私的《してき》」とか「プライベートな自分」という意味に使われていたのです。だから、「私」は、「公私《こうし》の別」という形で使われていたのです。

「公私の別」の「公」というのはなんでしょう？ それは、「いろいろな敬語を使わなければならない、外の世界」です。だから、それに対する「私」は、めんどくさい敬語を考えないですむ、「家の中の世界」です。言ってみれば、「裸《はだか》の自分」です。そのままでは、「公」という外の世界へ出て行けません。敬語は、その時に着る「服」と同じものなのです。

裸の上に「敬語」という服を着る――それが「公」で、「私《わたくし》」というのは、「裸のままの自分」です。こういう区別が起こるのは、人から敬語を使われる「身分のある人」だけで、「身分のある人」に敬語を使うだけの「身分のない人」は、他人に服を着せるだけで、自分は裸のままなんです。

「身分のある人」と「身分のない人」は、そのように違います。でも、どちらも、「ただの自分は裸のまま」ということでは同じです。

人に敬語を使ってもらえれば、「えらそうな自分」にはなれる。でも、そうでなければ、裸のまま。裸のままの自分は、たいしたもんじゃありません。そう考えているから、他人に対して「おい、自分」と言えて、その「自分」は、「バカにしてもいいような存在」になってしまうのです。

長いあいだ「尊敬」や「謙譲」の敬語を使わなければいけない社会で暮らしていた日本人は、他人のことを考える時、「この人は自分よりえらいのか、えらくないのか。えらいとしたらどれくらいえらいのか」と考える習慣がついてしまいました。「自分と他人との関係」――つまり「距離」を考える時も、まず「この相手に敬語が必要かどうか」を考えるのです。

相手が自分よりえらくなかったら、敬語なんか使わずに、命令口調です。なにしろ敬語には、「自分よりえらくない人には敬語を使う必要はない」という、暗黒面もあるのです。

そういう人の人間関係は、とても悲しいものです。「自分よりえらい人」と、「命令口調ですませられる人」の二種類しかいなくて、「えらいとかえらくないとかとは関係ない、親しい人」というのがいないのです。自分では、「あいつとあいつとあいつが親しい人」と思っていても、その話す言葉は「命令口調」しかないのです。はたして、「親しさ」が伝わっているかどうかはわかりません。

「他人に対しても、自分に対するのと同じように話しているのだから、その親しさは伝わっている」と思っても、それは、「ワレはなにしとんじゃい!」というような言葉ですから、その親しさが、だれにでも通じるかどうかはわかりません。

よく考えてみればわかりますが、他人に対して、「おい自分、自分はなにを考えているんだ」と言っている姿は、とても寂《さび》しくて悲しいものです。

それじゃまるで、この世に「自分」しか人間がいないみたいです。しかも、それしかいない「自分」が、なにを考えているのかわからないんです。そんなことを言っているつもりもないのに、「ワレはなにしとんじゃい！＝私はなにをしているのだ！」と言っているのです。そういう日本語のふしぎに気がつかないのは、とても悲しいことですね。

十五　日本語には豊かな表現がある

日本語には、英語の「ＹＯＵ」にあたる、「どんな相手にも使える二人称の代名詞」がありません。だから、人と話をする時には、「この人をなんと呼べばいいんだろう？」と、いつもそのたんびに考えなければなりません。

「田中くんとは仲がいいから、田中くんと話す時には、〝おまえ〟とか〝田中〟と言っとけばいいけど、でも、太田くんとはそんなに仲がよくないから、太田くんと話す時には、〝きみ〟とか〝太田くん〟て言わないと、太田くんが怒るかもしれないな」なんて、そんなめんどくさいことを考えなければいけません。それが、日本語の欠点です。

でも、日本語には、どんな相手にも通用する「ＹＯＵ」のような言葉がないのです。「ないから作ろう」と思っても、そんな言葉がどこまで通用するかはわかりません。「日本語はめんどくさいんだ」と思って、あきらめるしかありません。あきらめて、そして、べつの考え方をするのです。つまり、「相手によっていろいろな使いわけをしなければならない日本語には、それだけ豊かな表現力がある」と思うのです。

たとえば、「そんなに仲がよくない太田くん」のことです。

「太田くんと話す時には、〃きみ〃とか〃太田くん〃て言わないと、太田くんが怒るかもしれないな」と思うのは、あなたがまだ太田くんとは、あまり仲がよくないからです。だったら、どうすればよいのでしょう？　さいわいあなたは、田中くんとは仲がいいのです。「仲がいい」というのはどういうことなのかを、田中くんとの関係から、考えればいいのです。そのことを、太田くんとのあいだでも可能になるようにすればいいのです。でも、それをまだやってはいないから、「太田くんには、〃おまえ〃とか〃太田〃とは言えないな」と思うのです。

そう思って、「めんどくさいな」と考えるのは、さぼっているからです。「〃おまえ〃とか〃太田〃とか言えない」ということは、「太田くんと仲よくすることをさぼっている」ということを、あなたに教えてくれているのです。それは、「めんどくさいこと」

ではなくて、「ありがたいこと」ではないでしょうか。

でも、あなたはそのことを、「ありがたいことだ」とは思えません——そういうことにします。

それはなぜでしょう？　それは、あなたが太田くんを「にがて」で、「あまりつきあいたくない」と思っているからなのです。

「あいつはにがてだ」と思っていると、「きみ」とか「太田くん」と呼んでも、なんだかおちつかないのです。だったら、そういう時にはわりきって、もうワンランクていねいにして、「太田さん」とか「あなた」と呼ぶようにしてしまうのです。「太田くん」より「太田さん」のほうがていねいで、「きみ」より「あなた」のほうがていねいです。よりていねいにするということは、「もっと距離を置く」ということになります。距離を置いて、「いったい彼は、どういう人物なんだろう？」と考えることができます。距離を置いて考えて、仲よくなれるものだったら、「もういちど改めて仲よくなる努力」を始めればいいのです。

「いろいろ呼びかたを考えなければいけない」というのは、「いろいろな方法を考えてもいい」ということです。つまり、日本語には、それだけの選択《せんたく》の余地があるのです。だから、「日本語には豊かな表現力がある」と言うのです。

たとえば、あなたと太田くんは、けっきょく仲よくなれないまんま、学校を卒業してしまいました。卒業してしばらくして、あなたは太田くんと、町でばったり会います。そうすると、あなたの口からは、自然に、「あ、どうしてんの？」なんていう言葉が出ます。

どうして出るのかと言えば、それはあなたが、「太田くんと仲よくするにはどうしたらいいんだろう？」と、あれこれ考えていたからです。

あれこれ考えて、どうにもならなくて、あなたの中でかってに煮《に》つまってしまったから「それっきり」になったのですが、卒業してから後の時間が、そういうことを忘れさせてくれるのです。だから、あなたの口からは、それまででは考えられないような、

「あ、ひさしぶり」とか言ってくれるかもしれません。

あなたがそう言うと、太田くんだって、「あ、ひさしぶり」とか言ってくれるかもしれません。

同じ学校に行っていた時には、そんな親しい口をきいてはくれなかったのに、突然《とつぜん》「仲よしだった」みたいな口のきき方になってしまうのは、太田くんのほうだって、あなたが太田くんのことをいろいろ考えていたのを、感じとっていてくれたからかもしれません。つまり、「いろいろ考えることはむだではない」ということです。

「相手によってどう言っていいかわからない」という日本語の欠点は、じつは、「人はそれぞれに違うから、違う相手にはどう接すればいいのかを考えなさい」ということでもあるのです。

「人によって言いかたを変える」という日本語は、じつは、「いろんな言い方」を用意してくれているのです。それを使いこなせるようになるためには、「どう言えばいいんだろう?」と、いろいろ考えることが必要になるのです。

「よくわからないもの」を見て、「よくわからないから嫌いだ」というのは、とてもせっかちな決め方です。あなたが「よくわからない」と思うのは、その「よさ」もまたよくわからないからです。

「日本語はめんどうだから嫌いだ」と言う前に、「自分はまだ日本語の表現力の豊かさがわからないんだ」と思わなければなりません。

十六　敬語は時代によって変わる

目の前にいる相手の呼び方が、「あなた」と「きみ」と「おまえ」と、少なくとも三種類あるということを考えましょう。

今では、「あなた」が一番ていねいで、その次が「きみ」で、「おまえ」はあまりていねいではないと思われています。でも、その元を考えると、ふしぎなことに、この順序は逆なんです。

「あなた」を漢字で書くと、「彼方《あなた》」です。つまり、「あっちのほう」です。ちっともえらくありません。ていねいでもありません。

「きみ」を漢字で書くと、「君《きみ》」です。これは、「父君」「母君」「若君」「姫君《ひめぎみ》」の「君」です。「あっちのほう」より、ずっと重々しくて、えらそうです。

「おまえ」を漢字で書くと、「お前」で、これをさらに漢字で書くと、「御前《おまえ》」です。音読みにすると、「御前《ごぜん》」です。「君」よりもずっとえらそうです。

ついでに言うと、今の「あなた」「きみ」「おまえ」は、みんなアクセントが最初にはありませんが、昔の「あなた」や「きみ」や「おまえ」は、アクセントが先頭です。

「御前《おまえ》」というのは、「えらい人の前」ということです。昔の「えらい人」は、直接名前を呼ばれるなどということは、けっしてありません。もっと間接的な呼び方をします。その代表的なものが、「殿《との》」です。

「殿」というのは、建物のことです。「その建物に住んでいる一番えらい人」のことを、「建物全体」と同じようにして、「殿」と言うのです。「御前」も、それと同じです。「その人のいる前」という、場所の呼び方が、「その人の呼び方」になったのです。こういう呼び方は、平安時代からありますが、武士の時代になって、これを音読みにする習慣ができます。それが「御前《ごぜん》」です。「御前、お呼びでございますか?」なんて言います。

えらい人は「御前」と呼ばれて、そのうちに、「〝御前〟と呼ばれる人」ということにもなってしまいます。それが、「御前様《ごぜんさま》」という呼び方です。「御前《ごぜん》さま」だとえらそうですが、これを「御前《おまえ》さま」と読むと、なんかへんです。でも、「〝御前《おまえ》〟と呼ばれている人」が「御前さま」で、人を持ち上げる呼び方になっています。そして、こういう言い方があたりまえになって、その後で出てくるのが、「お前さん」です。

長屋のおかみさんが亭主《ていしゅ》を呼んでるみたいですが、「お前さん」になってしまうと、元が「御前《おまえ》」という重々しい呼び方だったことなんて、忘れてしまうじゃないですか。だから、「お前さん」があたりまえになった後で、「さん」という敬称をとってしまうと、なんだか人を見下《みくだ》したような言い方になってしまいます。それが、「お前」なんです。「おい、おまえ！」と言われて、だれがこれが「殿」と同じような呼び方だったと思うでしょう。でも、「おまえ」には、それだけの背景があるんです。

「御前《おまえ》」は、「えらい人」のことを間接的に呼ぶ言い方ですが、「君《きみ》」は違います。「若君」とか「姫君」とか「母君」になると、そこにいる人がどんな人かは、だいたいわかります。「君」は、「間接的な呼び方」ではなくて、人への「敬称」なのです。

「若君の御前《ごぜん》」という言い方はしますが、若君よりえらい殿様の場合は、「殿の御前」としか言いません。「殿」は、間接的な表現だから、「君」という敬称がつかないのです。「殿君《とのぎみ》の御前」なんていう言い方は、絶対にしません。「殿の御前」でよくて、さらには、ただ「御前」と言うだけで、「殿様の御前」になってしまうのです。つまり、「君」をつける呼び方は、「御前《おまえ》」よりも、ワンランク下がる呼び方なのです。

「君《きみ》」は「御前《おまえ》」よりワンランク下がりますが、「彼方《あなた》」になったら、どこにも「尊敬」なんかありません。

「あの、そこのあなた」と言うのは、じつは、「あの、そこのあっちのほうの人」と言うのと同じなんです。

ふしぎでしょう？　昔は「おまえ↓きみ↓あなた」の順でえらかったのに、今ではその順序が逆になって、ていねいなのは、「あなた↓きみ↓おまえ」の順です。なんでこんなふうにひっくり返ってしまったのでしょう？

理由は、ひとつしか考えられません。「あまりにも尊敬の度合が強いと、人はときどき〝バカらしい〟と思ってしまうから」です。そうでもなかったら、最大級のえらさをあらわしていた「御前《おまえ》」が「おまえ」になって、「おまえ呼ばわりするなよ！」なんていう嫌われ方をしてしまうことは起こりません。「尊敬」の度合なんかぜんぜんない、「あなた＝あっちのほう」が、「ていねいな二人称」になってしまうのは、「あなた＝あっちのほう」に、敬語のニュアンスがまったくなかったからとしか、考えられないのです。

「身分のある人と身分のない人」や、「身分のある人同士」は、相手のえらさを考えながら、「尊敬の敬語」や「謙譲の敬語」を使って話をします。ところが、「身分のない人同士」は、そういうことができないのです。

「敬語のない会話」は、乱暴な命令口調になります。「そうじゃない話し方」をしようにも、その話し方がないのです。だいいち日本語には、「身分とは関係ない二人称の代名詞」がないのです。「身分のない人同士」が、相手のことを呼ぼうとしても、それを呼ぶための言葉がないのです。だから、「それ以前からある言葉」の中から、自分たちにも使えそうなものを探してきて、自分たち流に使うしかなかったのです。「お前さま」とか「あなた」というのは、そうしてできあがった「二人称の代名詞」なのです。「えらい人のまねをしようとして使い方をまちがえた言葉」だってあったかもしれません。ちゃんと使おうとして、使っているうちに、「ああ、かったるい」と思って、意味をさかさまにしてしまった言葉だってあるかもしれません。それとはべつに、「自分たちの使う言葉だからていねいに使おう」と思って、それまでにはなかった「丁寧の敬語の要素」をつけくわえてしまったものだってあるかもしれません。

「尊敬の敬語」や「謙譲の敬語」は、もう平安時代にちゃんとできあがっていました。でも、その時代には、まだ「丁寧の敬語」というのは、ほとんどありませんでした。「身分のない人同士が話す」なんていうことがほとんど問題にされなかったから、それでよかったのです。
鎌倉《かまくら》時代や室町時代になって、やっと「丁寧の敬語」が登場してきて、それは、江戸時代になって本格的に発展します。どうしてかはわかるでしょう。江戸時代は、「身分のない町人たちの文化が盛んになった時代」だからです。

その昔には「尊敬の敬語」や「謙譲の敬語」だったものが、江戸時代にはただの「丁寧の敬語」へと変わって行きます。「御前＝おまえ」のように、正反対の使われ方をしてしまうものさえ生まれます。

でも、それでよかったのです。「人のランクづけ」なんかはする必要がなくて、普通の人同士が話をするのだったら、そこで必要なのは、「丁寧の敬語」だからです。

言葉というものは時代によって変わるもので、敬語だって、時代によって変わるのです。

十七　やっぱり敬語が必要なわけ

人と人とのあいだには、「距離」があります。「いい、悪い」ではなく、あたりまえのことです。

こどもの頃《ころ》だと、「自分とは違った人」や、「自分とはぜんぜん違う人」と会うことが、そんなにも多くはありません。でも、大人になると違います。「ぜんぜん知らない人と話をする」というのは、大人にとってはあたりまえのことです。こどもだって、「ぜんぜん知らない人」と話すことはあります。そして、ちゃんと話せなくても、「こどもだからまアいいや」と許されてしまいます。

十代のはじめというのは、こどもから大人へと移って行く時期です。だから、この時期には、「知らない人とちゃんと話す」ということを、マスターできるようにしなければなりません。それをしないと、大人になってから、「人間関係が嫌い」と言って、人と話せなくなってしまいます。

話相手がみんな「よく知っている友だち」だったら、タメ口でもかまいません。でも、そうじゃない人はいくらでもいます。つまり、「距離のある人」です。そういう人と話す時には、「丁寧の敬語」を使います。


たとえば、あなたが一人で道を歩いています。知らない人に、「すみません」と声をかけられました。あなたは、「なんだ?」と思いました。

あなたが「なんだ?」と思って黙《だま》っていると、その人は道を聞いてきました。聞かれてもあなたには、道がよくわかりません。「どこなんだ、それは?」と、一人で考えます。考えてもわからないので、あなたは首を振《ふ》るか、首をひねるかしました。

相手は、あなたが道を知らないらしいことをわかって、「どうも」と言って去って行きました。

あなたはべつに、悪いことをしていません。でも、去って行った人は、こう思うかもしれません。

「今の子って、ほんとにぶあいそうで気味が悪い」。

あなたには、言うべきことが二つありました。ひとつは、「なんですか?」です。もうひとつは、「知りません」です。あなたは、それを悪意があって言わなかったわけじゃありません。ただ、「なんだ?」と思っていて、「なんですか?」と言うのを忘れただけです。なにも言わずに黙っていて、それで通ってしまったものだから、「知りません」と言うのも、うっかりやめてしまったのです。

ところが、道を聞いた相手の人にしてみれば、「どうしてこの子は、かんたんなことさえも言わないのだろう?」です。だから、「アブナイ子かもしれない」と思うのです。

あなたが「なんですか?」と言わなかった理由は、ほんとに、ただぼんやりしていただけかもしれません。でも、もしかしたらあなたは、「こういう時にはなんと言えばカッコがつくのだろう?」と考えていて、その答が見つからなかったのかもしれません。

「なんですか?」と「知りません」は、小学生でも言えます。もしかしたらあなたは、小学生の時には、そういうふうに言っていたかもしれません。でも、もう小学生じゃないあなたは、「いつまでも小学生みたいな言い方をしたくないしな」と思って、「なんか違う言い方ないか？」と思ったのです。

　違う言い方を考えて、それが見つからないから、しかたなしに黙っていたのです。黙っていると、「普通の人間ならかんたんに言えることを言わない、アブナイ子」になってしまうかもしれません。

「知らない人との話し方」を知らないと、「どう言うんだっけ？」と思ううちに、「言うべきことを言わないアブナイ子」になる方向へ進んでしまいます。その責任は、半分あなたにあります。

　あるいはまた、「なんですか？」と言わないあなたは、そのかわりに、「なに？」とか、「なんだよ？」と言ったとします。

「なんですか？」と言える小学生だったあなたは、「自分はもうこどもじゃないから、そんな言い方したら恥《は》ずかしい」と思って、「なに？」とか、「なんだよ？」というタメ口をきいたのです。「自分はもうこどもじゃない。大人だ。だから、道を聞いた大人とも対等になる」と思ったのです。

そうなるとどうなりますか？　相手はきっと、「今の子はキレやすいから危険だ」なんて思うでしょうね。

知らない人からいきなりタメ口で話しかけられる立場に、自分を置いてごらんなさい。それは、「一方的にいばられる」と同じなんですよ。

タメ口には、敬語がありません。敬語がなくてもいいのは、「親しい人間との会話」と、「目上の人間が目下の人間にものを言う時」だけです。つまり、「もうこどもじゃない」と思ったあなたは、知らない大人にタメ口をきいて、「大人より自分はえらい。私を尊敬せよ」という立場に立ってしまったんですね。

「大人に対する不満」があなたの中にあって、そんなタメ口をきいてしまったら、「危険な子」というレッテルを貼《は》られてしまう可能性があります。その責任は、半分以上あなたにあります。「それでもいい」と思っていると、社会の中で孤立《こりつ》してしまう可能性があります。

「なんですか」と「知りません」は、ただの「丁寧」です。「相手はぜんぜん知らない人で、相手と自分とのあいだには、とても距離がある」という状況《じょうきょう》だから、その「距離」をはっきりさせるためには、「丁寧の敬語」を使えばいいのです。それは、「あんたが好きだ」ということとは関係ありません。また、「丁寧の敬語」は、「どっちのランクが上か」ということとも、関係がありません。好きとか嫌いとは関係なくて、ただ、「その人との間には距離がある」というだけなのです。

そして、注意しなければならないのは、タメ口には、「もうひとつの使い方がある」ということです。それは、「ひとりごと」です。相手のいないひとりごとには、敬語なんか必要がありません。だから、タメ口は「ひとりごとの言葉」でもあります。

仲のいいともだちなら「敬語なし」でもいいし、ひとりごとにも敬語はいりません。でも、あまり仲のよくないともだちや、ぜんぜん知らない人を相手にして、このタメ口を使ったらどうなるでしょう？　怒りやすい相手なら、「なめるんじゃねェ！」と言って怒るでしょう。そうじゃない人にならば、「この人は、なにを言っているんだろう？」と、ふしぎに思われるかもしれません。なぜかといえば、あなたの言っていることが、「声に出して言うひとりごと」にしか聞こえないからです。

タメ口は、「ひとりごとの言葉」でもあるのですから、そんなに親しくない人相手にタメ口を使ったら、「声に出してひとりごとを言っている」とおなじことになってしまうのです。

その状態をそのままにしておいたらどうなるでしょう？　あなたは、どこへ行っても「声に出してひとりごとを言っているふしぎな人」になってしまうでしょう。あなたにはそのつもりがなくて、ちゃんと人に話をしているつもりでも、あなたが敬語を知らなくて、タメ口しか使えなかったら、あなたは知らないあいだに、「他人を無視してひとりごとを言っているだけの人」になってしまうのです。

十八　大昔の中国人は「丁寧」という楽器をボワーンと鳴らした

いろんな人が一緒《いっしょ》に生きている世の中では、人と人との間に距離があります。「距離があるからいやだ」と思っても、「ぜんぜん知らない人」はやっぱり「知らない人」で、世の中には「近づきたくない」と思う人だっています。

もう一度たとえば、あなたは一人で道を歩いています。そこに、知らない人が近づいてきます。まわりには、ほかに人がいません。ぜんぜん知らない人が近づいてきて、あなたにいきなり声をかけます。

「なにしてるの？　一人なの？　一緒にどっか行かない？」と言います。

なんだかへんな人です。「アブナイ人」である可能性は、とてもあります。そんな時、あなたはどうしますか？

学校では、「大声を出して逃《に》げろ」と教えられているかもしれません。でもあなたは、もう小学生ではありません。「いきなり大声を出せ」と言われても、「そんな恥ずかしいことはできない」と思うかもしれません。もう小学生ではないあなたは、「もう小学生じゃないのだから、アブナイ人に声をかけられるなんてことはないんじゃないのか?」と思っていたりもします。だから、「一緒にどっか行かない?」と言われたあなたは、もしかしたら大声なんか出さずに、「え?」とか、「なァに?」とか、「やだ」とか言うかもしれません。そうすると、どうなるでしょう?

「え?」でも、「なァに?」でも、「やだ」でも、そこには敬語がありません。あなたがその相手を、「いやなやつだな」と思っていて、「そんな相手に敬語を使いたくない」と思っていたとしても、「敬語がない」というのは、タメ口なんです。つまりあなたは、見知らぬ、しかもかなりアブナイ可能性のある人にたいして、「自分のよく知っている仲間」のような口のきき方をしてしまったのです。

それは、とても危険なことです。あなたのしたことは、いきなりタメ口で話しかけてきた、見知らぬ危険な相手にたいして、「あっちへ行け」ではなくて、「そのままそばにいてもいいよ、もっと近くに来てもいいよ」と言ってしまったのと同じなのです。

敬語というのは、「人と人との間には距離がある」ということを前提にした言葉です。「丁寧の敬語」は、「距離があるけど、この人との間の距離を近くしたい」と思う時に使う言葉でもありますが、「この人とは、距離を置きたい」という時に使う言葉でもあります。なんども言いますが、「距離がある」ということと、「好き嫌い」は関係がないのです。

だから、見知らぬ人からいきなりタメ口で声をかけられたら、「なんですか？」と答えなければなりません。「です」という丁寧の敬語は、「あなたと私の間には距離がある」ということを、相手に伝えているのです。それは、「近くに来るな」ということで、「もしその警告を無視したら、大声を出すぞ」という、警戒警報《けいかいけいほう》の意味さえも持っているのです。「もう小学生じゃないから、いきなり大声を出すなんて恥ずかしい」と思っているあなたなら、そうして相手のようすを見て、「危険だったら大声を出す」という用意を整えなければいけないのです。敬語には、そういう使い方もあるのです。

敬語の話になると、むずかしい漢字がいっぱいでてきます。いきなり「尊敬の敬語」で、「謙譲の敬語」に「丁寧の敬語」です。「尊敬」はわかります。「謙譲」は、ちょっとわかりにくい考え方ですが、「わかりにくい考え方だから、こんなむずかしい漢字を使うんだな」ということはわかります。よくわからないのが、「丁寧」です。「ていねい」は、そんなにむずかしい考え方ではありません。それなのに、漢字で書くと、なんで「丁寧」などというわけのわからない漢字になるのでしょう？　いったい、「丁寧」とはどういうことなんでしょう？

「丁寧」を、ちょっと大きな漢和辞典でしらべると、わけのわからないことが書いてあります。「大昔の中国で、兵士の宿舎にあった楽器」だというのです。ボワーンと鳴らすドラのようなものを想像してください。その楽器に、「丁寧」の文字が書いてあったのです。「丁」というのは、この場合、兵士のことです。「寧」というのは、「安心できる」ということで、「丁寧」は「兵士の安心」なのです。兵士が安心できるように、そう書いてある楽器を、ボワーンと鳴らすのです。でも、なんだかへんです。こんなものを鳴らしてすごく大きな音がしたら、「安心できる」ではなくて、うるさいだけでしょう。どうしてそれが、「兵士の安心」になるのでしょう？

兵士は、戦争のためにいます。敵が攻《せ》めてくることを、いつも考えています。そういう兵士たちにとって、「安心」とはどんなことでしょう？　敵が攻めてこないのがいちばんの安心であるのはもちろんですが、でも、敵は攻めてきてしまうのです。「いつ敵が攻めてくるのかわからない」とビクビクしていたら、兵士たちはおちつきません。ところが「丁寧」という楽器は、「敵が攻めてきたぞ！　危険があるぞ！」という時に鳴らす楽器なのです。つまり、非常警報なのです。防災無線と考えてもいいでしょう。

「非常警報が人の安心につながる」――これが、「丁寧」なのです。だから、アブナイ人にタメ口で話しかけられて、「その手にのるか」と思って、「なんですか」という丁寧の敬語を使うのは、「丁寧」のいちばん根本的な使い方なのです。

人と人との間には、いろんな距離があります。近くても「距離」で、遠くても「距離」です。だから、「距離があるからいやだ」と考えるのではなくて、「その距離をどうするのか?」と考えるのです。

いちばん近い人には、「距離」がなくてもいいような「ひとりごとの言葉」――タメ口でもだいじょうぶです。「ちょっと距離があるな」と思ったら、「丁寧の敬語」です。「ちょっと」どころではなくて、「すごく距離があるな」と思って、それが「丁寧の敬語」では役にたたないくらい遠い」と思ってしまったら、「尊敬の敬語」や「謙譲の敬語」を使います。現代での敬語は、そのような使い方をするものなのです。

世の中にはいろんな人がいて、その人たちとの間には、それぞれ「いろんな距離」があるのです。だから、そういう世の中でちゃんと生きていって、自分の考えをつたえるためには、その人たちとちゃんと話ができるような、「敬語」というものを知っておく必要があるのです。

あとがき――ちゃんと敬語を使ってくださいね

私はこの本を書くために、ずっと読者のみなさんに対して、「丁寧の敬語」を使ってきました。どうしてかというと、私が、「ここに書くことを、読者はわかってくれるかな？」と思ったからです。

この本は、読者の対象を「十代のはじめ」にしました。この本の中身は、けっこうむずかしいことです。でも、「敬語ってなんなんだ？」という疑問に答えるためには、これだけのことを書かなければなりません。だから私は、「こういう書き方でわかるのかな？」と、ずっと考えていました。つまり、私と読者のみなさんのあいだには、それだけの「距離」があるのです。だから、「です」とか「ます」の、「丁寧の敬語」を使わなければならないのです。

ためしに、この文章から「丁寧の敬語」をとってみましょうか？　こうなります――。

私はこの本を書くために、ずっと読者に対して、「丁寧の敬語」を使ってきた。どうしてかというと、私が、「ここに書くことを、読者はわかってくれるかな?」と思ったからだ。

ずいぶんエラソーでしょう。なんだか、ひとりごとを言ってるみたいでしょう? みなさんがそう思ったら、「こっちには関係ねェや」と思われて、この本は読まれなくなるかもしれません。私は、「読んでもらいたい」と思ったので、「丁寧の敬語」を使ったのです。

それだけではなくて、「ちゃんと敬語を使ってください」という、尊敬の表現まで使っています。私にとって、あなたたちはとても遠くて、「使ってくれと言っても、使ってくれるかどうかわからない」と思った時、その距離は、「丁寧の敬語では役にたたないくらいの遠さ」になっていたからです。

人と人とのあいだには、「距離」があります。その「距離」は、埋《う》まるかもしれないし、埋まらないかもしれません。でも、「距離がある」ということをはっきりさせないと、すべてはメチャクチャになってしまいます。「ある距離はある」――そのことをはっきりさせないと、埋まる「距離」だって埋まらないのです。どうか、自分の人生をメチャクチャにしないためにも、「丁寧の敬語を使う必要はある」と思ってください。

そして、「人はどういうふうな話し方をしているんだろう？」と、人の話し方に関心をもってください。本も読んで、「そうか、こういう時にはこんな言い方もあるんだ」という発見をしてください。

日本語の敬語は、とても複雑です。

それは、昔の「身分のない人」たちが、「自分が、自分と同じような人たちと普通に話せるようになるためには、どういう言い方をすればいいんだろう？」と考えて、いろんな言い方をしたからです。だから、「日本語の表現は豊か」なんです。

それを自分のものにするためには、まず、「へー、そんな言い方もあるんだ」と、その「いろいろな言い方」を知らなければなりません。そのためには、「人の話し方を聞く」と、「いろんな言い方を知る」が必要なのです。

ね、「正しい敬語の使い方を教える本」じゃなかったでしょ?

「みなさんでそれぞれ、正しい敬語の使い方を考えてください」と言う本だったでしょ?

ちくまプリマー新書001
ちゃんと話《はな》すための敬語《けいご》の本《ほん》

二〇〇五年一月二十五日　初版第一刷発行

著者　橋本治（はしもと・おさむ）

装幀　クラフト・エヴィング商會

発行者　菊池明郎

発行所　株式会社筑摩書房
東京都台東区蔵前二‐五‐三　〒一一一‐八七五五
振替〇〇一六〇‐八‐四一二三

印刷・製本　株式会社精興社

ISBN4-480-68701-7 C0281 Printed in Japan

乱丁・落丁本の場合は、左記宛に御送付下さい。
送料小社負担でお取り替えいたします。
ご注文・お問い合わせも左記へお願いします。
〒三三一‐八五〇七　さいたま市北区櫛引町二‐六〇四
筑摩書房サービスセンター
電話〇四八‐六五一‐〇〇五三